博物馆与文明交流互鉴

上海博物馆文化交流成果汇编

第二辑

上海博物馆　编

上海书画出版社

序

改革开放后，上海博物馆率先大步迈出对外文化交流的步伐，成为国内最早与境外同行开展学术研讨、展览交流和人员交往的博物馆之一。翻检馆史，20世纪70年代末以来，有关的精彩华章接连不断，对外交流合作的领域不断扩大，内涵持续深化，从破冰到形成惯例再到不断提升，都走在了时代的前列。四十余年来，上海博物馆与世界各地博物馆及相关文化机构展开了频繁、深入的合作交流，结出硕果，促进了博物馆事业的繁荣和发展，也为助力文明交流互鉴做出应有的贡献。其中的一些细节，将在今年5.18国际博物馆日，也是适值“五四运动”一百周年之际，以“乘风起新帆，四海结比邻——上海博物馆对外文化交流40年成果回顾”的展览形式，在“五四运动”的发祥地——北大沙滩，借“红楼橱窗”向公众展示。

作为改革开放的重要举措，对外文化交流给上海博物馆注入活力，也成为内部管理中推动事业发展不可缺少的“引擎”之一，进而构成了上海博物馆的一项“核心竞争力”。近年馆内在讨论博物馆“核心竞争力”这个话题时，众人每每提及。

在这样的博物馆发展理念引领下，馆员出访归来后举行的专题报告会，借此向全馆公开交流、汇报各自的成果与思考，就在坚持中不断延续，不但作为一种有效的工作机制，还逐步积淀为一个“品牌”。我曾寄语如何通过增强三个方面的效应，即交流平台的效应、创新示范的效应、知识溢出的效应，以更好地打造这个“品牌”。

两年前，已将2010年至2013年间交流会上的发言整理稿，集为《山光物态弄春晖——上海博物馆文化交流成果汇编第一辑》出版。今次，再将2014年至2016年间的27篇发言整理稿合编为第二辑，定名为《博物馆与文明交流互鉴》，交出版社刊印。

近年来，中国国家领导人大力倡导“多彩、平等、包容”的新型文明观，强调文明因交流而多彩，因互鉴而丰富；文明交流互鉴，是推动人类文明进步和世界和平发展的重要动力。博物馆人有幸参与到这个发展进程之中，并发挥独特的作用。

建构人类命运共同体是一个宏大的愿景，因为类似本书记录的点滴工作和经久努力，使她变得具体、具象、富于质感，甚至触手可及。

杨志刚

2019年4月7日

目录

序

学习日本博物馆的建设经验为上博大修打好基础

2014年4月赴日本交流考察　阚新民　舒寅　华焦宝

2014年4月14日，阚新民、舒寅、华焦宝一行三人对日本奈良国立博物馆、京都国立博物馆、九州国立博物馆等文博单位及日本三菱电梯公司、日本铁工空调设备公司等企业进行为期十天的考察学习，为上博的大修工程做好先期的准备与调研工作。现从博物馆的物业管理、博物馆与企业的工程设备、消防设备及考察思考等四方面总结这一次行程。

一、博物馆物业管理现状

三家博物馆不同程度地采用了大理石或大玻璃幕墙，特别是京都国立博物馆与九州国立博物馆的外墙都是按现代规定要求施工安装的钢结构支架、外挂夹心大玻璃墙。京都国立博物馆从国外进口嵌有恐龙时代动物化石的大理石，用做展厅、公共场所的装饰墙，其建造施工都是采用按规定要求的钢结构挂件安装。（图一、图二）

博物馆的洗手间普遍装修豪华，带有包厢式风格，自来水开关为触摸式，配备豪华型大功率风干机，设置母婴室、抢救室。展厅走廊配备简易凳子，展现了温馨的人性化服务。

京都国立博物馆（新馆)、九州国立博物馆在防震抗灾确保文物安全上下了大力气。他们将整个展厅、库

图一　九州国立博物馆大面积的玻璃幕墙

图二 京都国立博物馆大理石墙面与地面

房做成防震房，房屋底座都是抗震设施。防震展框从德国进口，每个长约三米，宽约五米，价格约合六十万元人民币。同时展框里的文物底座又安装防震装置，可谓是三道防震系统齐备。

经过对几家博物馆的考察，我们了解到他们的房屋管理、工程设备、消安设备都设置了部门领导、主管人员和专家人员管理的管理制度：一是在日常维修时，设备厂方或服务公司派人员在现场值班，进行日常维修保养；二是设备定时定期进行维护保养；三是社会化管理服务，有故障等情况发生时进行电话报修服务。总之，该管理制度是由博物馆部门领导、专家负责，采用社会化服务，确保日常运行和维修保养机制。

二、博物馆及企业的工程设备

（一）日本同行业博物馆设备设施及日常运作情况

1. 奈良国立博物馆：

奈良国立博物馆（新馆）投入运行时间与上博新馆大致相同，所使用的设备主要为SINKO（新晃）空调机组，恒温恒湿控制，采用蒸汽加湿，两台锅炉由SAC-75PNLMAZDA（马自达）前田铁工所生产，冷热源为两台Ebara（荏原）吸收式溴化锂机组，配有一台Yamaha（雅马哈）发电机。各展厅配有应急疏散EPS电源，可供半小时疏散照明，展厅包括展柜内都有无线传输功能的温湿度传感器，传送到楼宇控制中心。（图三、图四）

2. 京都国立博物馆：

京都国立博物馆（新馆）建设了五年，于2014年9月份对外开放，是一座新建成的现代化博物馆，其设备设施在设计理念上较为先进。博物馆展厅高达八米，空调送风采用上送下回方式，利于空气循环，能避免短路现象，达到温湿度分布均匀，有利于展品的保护。同样使用新晃机组，但采用电极式加湿，冷热源为Sanyo（三洋）吸收式溴化锂机组，配套KUKEN（空研）工业株式会社生产的冷却塔。配电站内使用三菱电气设备，同样配有Yamaha（雅马哈）发电机作临时应急使用，提供应急疏散照明。博物馆均采用不锈钢管道，彻底解了管道腐蚀问题，确保了藏品的安全。新馆建设准备工作花费了十六年，建设长达五年，特别在设备设施的投入上，均采用了最新的工艺、最好的材质，投入了较大的资金，整个建设共投入二百亿日元，设备费用占30%。（图五、图六）

3. 九州国立博物馆：

九州国立博物馆投入运行时间约十年，共两个展厅，设备情况与京都国立博物馆大致相同，但也有其特点。在设备用地上布局更为合理，新风通过地道（高四米、宽四米、长近五十米），充分利用地表的冷源进行新风预冷或预热。设备用房面积占整个馆面积的15%，高于上博设备用房面积的比例。（图七、图八）

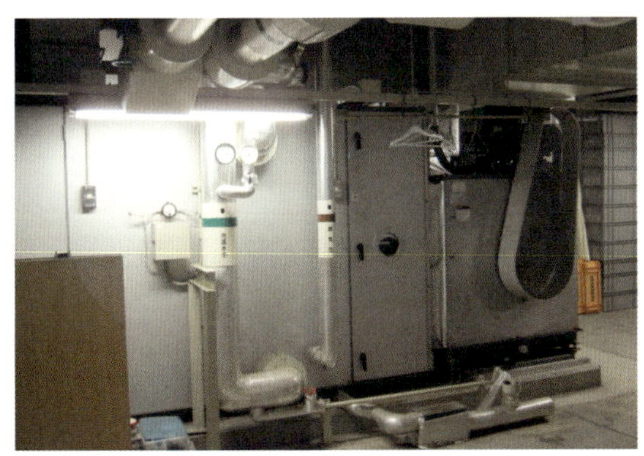
图三 奈良国立博物馆使用SINKO（新晃）空调机

图四 奈良国立博物馆使用马自达前田铁工所生产的SPC75PNL600kgh 蒸汽锅炉

图五 京都国立博物馆展厅高达8米，空调采用上送下回使空气循环均匀

图六 京都国立博物馆溴化锂冷热水机组所配套的KUKEN空研工业株式会社生产的冷却塔管道材质为不锈钢

图七 九州国立博物馆空调机组采用喷雾加湿

图八 九州国立博物馆新风采集通过地道具有节能功效

（二）日本企业的生产情况及最新技术

在此次考察中，我们还参观了我馆所使用的精密空调和三菱电梯在日本的生产工厂，并与厂方技术人员进行了交流，提出了我馆在大修后新设备的技术要求，日本厂方人员介绍了目前工厂的最新技术和产品，并对我方提出的新要求非常重视，表示会进行专门研究，以满足我们的需求。

图九 三菱电梯最新设备

1. 三菱电梯工厂：

上博共使用三菱电梯生产的自动扶梯六部，垂直电梯五部，其中一部货梯需通过大修更新为客货两用梯，原六层改为七层；1#、2#客梯虽不更换，但从安全角度出发，需增加门禁系统。由于这两部电梯生产时间较早，无法加装门禁系统，需对电控系统进行技术更新，日方表示会在这一方面努力，从而满足上博的需求。厂方还着重介绍了最新的技术成果：如世界上高度最高、速度最快的实验塔及实验电梯，超薄的主机，最先进的平衡稳定技术，门禁控制系统，自动感应突发情况报警系统等。（图九）

2. 昭和铁工株式会社：

厂方技术人员为我们详细介绍了工厂的发展历史和最新技术情况，着重推荐了超静音空调设备、热源回收节能型空调、高效率组合空调等各方面最新的技术和设备，我方提出上博大修对于空调设备需要提高效率、降低噪音震动，并要节能环保、能源可再利用等一系列有高要求，对此日本技术人员表示一定会用最新的技术生产出最好的设备来满足上博的需求。除了参观了工厂的设备生产流水线外，还在厂方人员的陪同下参观了使用该厂空调产品的福冈齿科医院。

三、日本博物馆消防设备

日本奈良国立、九州国立和福冈三家博物馆，消防报警设施基本与我馆一致，都采用日本能美同型号产品。气体（氮气）灭火系统比我馆覆盖范围要广，其陈列室、库房全部采用NN100（氮气）自动灭火系统，对文物100%无影响。我馆目前只有在重要的书画和工艺库房内采用了该气体灭火系统，其余库房与陈列室还是采用传统的水系统。建议大修时，文物库房全部采用NN100（氮气）气体灭火系统，有条件的陈列室尽量采用气体灭火系统。（图一〇、图一一）

目前我馆的防盗报警、监控系统优越于日本这三家博物馆。

图一〇 奈良国立博物馆消防设备

图一一 九州国立博物馆消防设备

四、几点体会与思考

1. 奈良国立博物馆的精心安排与热情接待

我们于2014年4月14日下午到达日本大阪国际机场，前来迎接的是奈良国立博物馆企画室室长野尻忠研究员和一名翻译、一名驾驶员。在前往奈良国立博物馆途中约一个半小时的车上，野尻忠为我们简要地介绍这次考察学习的大体情况，并根据我们的需求，精心安排了考察学习日程表，并表示会全程陪同我们。翻译是一名陕西籍的留学生，她热情为我们介绍了当地的风土人情，并教会我们简单的日语对话：“你好”“谢谢”“请多关照”“再见”等，从而与日方更好地交流相处。（图一二）

我们按照日程安排，第二天到奈良国立博物馆，对方安排了物业、工程、消安等方面的领导、专家，给我们全面、细致、毫无保留地介绍了奈良国立博物馆的情况，使我们开了眼界、长了知识。当晚，馆长、副馆长、业务部门领导、总务部门领导为我们接风，并荣幸地合影与参加晚宴。按照日程，我们相继到了京都国立博物馆、九州国立博物馆、爱知县三菱电梯公司、福冈铁工空调设备厂进行考察学习。在奈良国立博物馆的精心安排下，每到一处都做好热情接待，详细地为我们讲解了各方面情况，使我们亲身体会到，上博与奈良馆几十年的友好协作，为两馆的长期合作与发展打下了很好的基础。

图一二 与奈良国立博物馆馆长合影

2. 环保与节俭

日本的环保、节俭是随处体现的。分餐制做到点滴不浪费；住宿大多是小房、小间，精心设计、合理安排空间；交通出行是小汽车、小排量，能走路时不乘车，能乘公交不开车，低碳出行；在房屋大修、施工场地实施四周全封闭二层的防尘防音隔离，顶端采用喷雾车防灰尘，不影响周边的环境卫生、居民生活。（图一三）

图一三 日本建筑工地全封闭无尘、低音施工

3. 博物馆建设的差异性

日本是多地震国家，在建设博物馆时，对博物馆（文物）抗震要求很高，从展厅防震到展柜防震及文物底座防震，都配备了完整的抗震设施。（图一四）

图一四 九州国立博物馆避震基础

日本博物馆在公共场所的人性化服务建设方面做得很细致精巧，包括触摸式自来水开关、包厢式洗手间、母婴室、救护室等，这一点与他们的参观人数有关。以参观人数较多的奈良国立博物馆为例，他们每天接待的人数高峰时为500—800人次，而上博每天接待的人数高峰为5000—8000人次，所以上博在今后的大修中要从参观人数的实际情况出发，预先做好各方面的工作与思考。

中德“博物馆人才交流计划”小记

2014年10月赴德国交流考察　黄河　周新光　张珮琛

2014年10月12日—11月2日，上海博物馆文保中心黄河、周新光及张珮琛等三人赴德国慕尼黑、德累斯顿、柏林三地，参加了“博物馆人才交流计划”（Museum Experts Exchange Program, MEEP）项目，围绕文物保护修复的主题与德方进行了深入交流。

“博物馆人才交流计划”由柏林国家博物馆、德累斯顿国立美术馆、巴伐利亚国家绘画收藏馆、中国国家博物馆、中国美术馆、上海博物馆、广东美术馆、歌德学院（中国）共同组织，为期三年（2014—2016），每年各设定一主题，为上述单位的业务人员提供为期三周的专业交流，以了解中德双方的文化和博物馆情况。2014年是本计划开展实施的第一年，主题为“文物保护修复”。5月，德方代表已先行访问京、沪、穗三地，其间于5月20—26日赴上海博物馆进行了业务交流。

10月12日—11月2日，我们与中国国家博物馆、中国美术馆、广东美术馆的业务人员一行共十三人，赴德国进行了为期三周的业务交流（慕尼黑、德累斯顿、柏林各一周）。

德国博物馆属于18世纪启蒙运动的一种社会现象的产物。它推动了博物馆设计不断向前，体现了文明的高度发展，提高了城市建筑质量。世界遗产报告中指出德国博物馆是推进现代博物馆建筑设计最好的说明，是启蒙时代的一种社会现象，并影响了法国革命。德国博物馆是德国城市的象征。

德国政府对博物馆的资助主要分为以下几种形式：依托基金会管理，公共组织，商业公司，联合会管理。

德国人一直认为，博物馆是社会公益性文化事业，任何时候都不能忽视文化产品的精神属性和教育使命。因此政府每年坚持拿出大量资金支持包括博物馆在内的文化事业。博物馆不是坐等观众来参观，而是利用互联网等多种方式来吸引观众。很多博物馆都设有教育中心、志愿者培训中心、图书馆，甚至连藏品修复部门和库房也对外开放。比如新改造的博德博物馆的雕塑修复室定期向游人开放，观众可以近距离接触藏品，与修复人员面对面交流。博物馆打破传统的思维模式，寻找观众感兴趣的选题，以增强展览的欣赏性和艺术性。

在慕尼黑，我们参观了巴伐利亚国家绘画收藏馆下属的老绘画收藏馆、新绘画收藏馆、现代绘画收藏馆、Brandhorst博物馆和多尔纳研究所等，了解了各机构的展示、布展、保存、预防性保护、油画保护与修复、科学研究与检测等内容；受邀参加了老绘画收藏馆“Canaletto-

Bernardo Bellotto画笔下的欧洲”展览开幕式；访问了巴伐利亚州文化部，接受了文化部国务秘书、教育和文化部处长的会见；赴中国驻慕尼黑总领事馆，接受了总领事及夫人的接见和宴请。（图一、图二）

图一 在中国驻慕尼黑总领事馆合照

不同的博物馆有不同的经营定位，我们调查涉及德国慕尼黑、德累斯顿、柏林三地65家博物馆、研究所及修复工作室。

德国绘画收藏品种和来源丰富，在欧洲绘画收藏里占一席之地。古典油画和其他欧洲国家一样，陈列展览主要回归原来和修复后的老建筑，表现得中规中矩。

图二 赠送巴伐利亚国家绘画收藏馆总馆长礼物

在德累斯顿，我们参观了德累斯顿国立美术馆下属的王宫、茨温格宫、Albertinum博物馆、民俗博物馆等。了解各机构的展览、库房、预防性保护、无机文物（金属、瓷器、雕塑等）保护修复、有机文物（油画、纸张、纺织品等）保护修复、虫害防治、安保等情况；赴Weesenstein城堡，与当地纸张保护人员交流了所藏中国花鸟壁纸的修复工作；赴亥姆霍兹德累斯顿罗森多夫研究中心（HZDR），学习了质子加速器在文物保护上的应用情况；走访了HFBK美术学院，了解该高校油画与雕塑修复专业的课程设置情况。

绿穹顶珍宝馆位于德累斯顿老城区，是典型的巴洛克式建筑，它最早可追溯至1586年，为王室专门收藏珍宝之用，因绿色的屋顶和柱子而得名，是欧洲最大的皇室珍宝博物馆。文物修复工作者和科学家从全部1020件艺术品中整理出了一批独一无二的展览品。从1729年起，人们就可以在行宫的拱顶房间里参观萨克森的统治者收集的无与伦比的珍宝收藏。在第二次世界大战中，这些无价之宝被运走，最后流落到了苏联。1958年，它们几乎全部被归还给了德累斯顿州立艺术收藏馆。如今，展厅内非反光玻璃制成的展柜使人获得对艺术品前所未有的直观印象。此外，博物馆还配备了单独可调式高科技空调装置和现代化保安系统。

在柏林，我们参观了柏林国家博物馆下属的工艺美术博物馆、乐器博物馆、国家画廊、考古中心、新博物馆、欧亚艺术与民俗博物馆等，了解各机构的展陈、布展、保管、保护修复、科学建档、环境控制、安全保卫等内容；考察石膏复制工场，并学习石膏像的制作、翻模、保存等过程；又参观了汉堡车站博物馆，学习现当代艺术品的保护修复工艺；赴Rathgen-Forschungslabor实验室，了解各种分析检测仪器在文物保护上的综合应用。

其中柏林乐器博物馆是德国最大的乐器博物馆，成立于1888年，也是收集乐器种类最齐全的博物馆之一。在所收藏的3500件乐器中，800件位于展览之列，很多是罕见而又珍贵的乐器。馆内的乐器包括羽管键琴、笛子、钢琴、鼓、五条弦的大提琴、小提琴、各种琴弓等，游客可以聆听这些乐器的声音，感受音乐的魅力，享受音乐带来的乐趣。其乐器修复工作室，汇聚了制琴名家学徒和顶级乐器修复大师。

柏林博物馆岛被联合国教科文组织列入世界文化遗产名录。博物馆岛（museumsinsel）上的建筑群是一组独特的文化遗产。岛上的五座博物馆形态各异，却又和谐统一，施普雷河从两侧流

图三 文物保护修复工作座谈

过，使它们的气势更加宏伟磅礴。博物馆岛集中了德国博物馆的精华，其中以佩加蒙博物馆所收藏的大型历代建筑物部分最具盛名。如希腊佩加蒙神庙的祭坛、公元前2世纪左右的小亚西岸密列特的市集大门和巴比伦的依舒塔尔城门。其画作照片与纸本修复工作室、金属与珐琅器修复工作室、古兵器与金属修复工作室、服饰及纺织品修复工作室、雕塑修复工作室、历史科学仪器修复工作室、油画修复工作室（油画画框修复工作室、油画内框修复工作室、油画修复摄影工作室）、埃及草纸修复工作室、地毯与织物修复工作室等都有着各自不同的特色。

每到一处，我们都与当地的专业技术人员以及同行兄弟单位的业务人员积极互动、深入探讨。在每个城市，团组都召开了总结讨论会，各抒己见，及时分享每个人的收获、建议及对未来合作的展望，达到了充分交流的目的。（图三、图四、图五、图六）

参加此次“博物馆人才交流计划”赴德，我们对德国三地博物馆、美术馆、科研院所、高等院校等单位与文物保护修复相关的林林总总有了较为全面的了解和认识。由于团组成员的业务工作包括保护、修复、检测、保管等多个领域，各有侧重，谨以预防性保护、检测分析、无机质文物保护与修复

图四 介绍上博文物保护修复工作

图五 文物保护修复工作现场交流

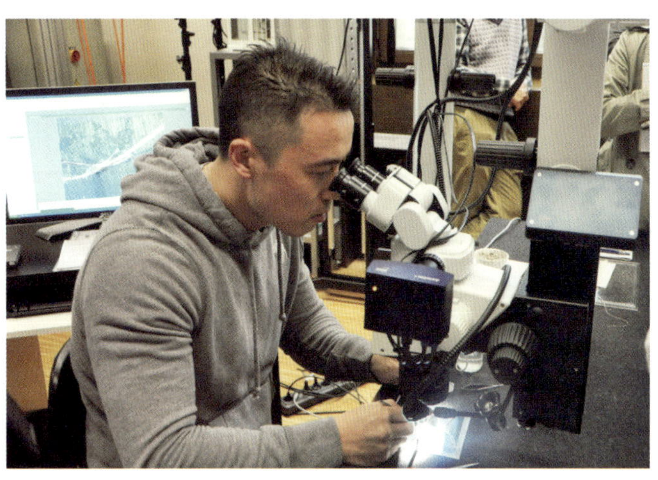

图六 修复工作实践操作

为重点，将我方三人的收获总结如下：

1. 预防性保护方面

德国博物馆通过设备/材料调控（恒温恒湿空调、通风过滤、负压清洁、可调照明、调湿材料等）、定期监测、维护管理等综合性手段控制馆内的温湿度、污染物、光照水平等环境指标，保证文物的保存安全。让人印象最为深刻的是，慕尼黑及柏林的多个美术馆均采用了人工光源与自然光照明相结合的方式，还原文物的本来面貌，为观众提供舒适的参观体验，并通过控制屋顶设备实时调整太阳光的入射角度，以达到保护画作的目的。这些人造光与自然光相结合的应用案例对我馆正在开展的博物馆照明研究工作具有积极的启示作用。

2. 检测分析方面

德国文物保护修复人员在工作时十分注重借助各种科学检测手段，量体裁衣选择无损、微损或取样分析，对文物的原真性、材料、工艺、过往修复等开展研究。虽然从仪器设备的先进程度上，国内丝毫不弱甚至还强于德方，但德方保护修复人员的科研意识、自主精神以及对检测仪器的综合利用效率值得我们思考与学习。

3. 修复方面

德方先进齐全的硬件堪称一流，很多修复设施与设备工具值得我们借鉴，但中德双方在修复理念与操作技艺上存在较明显的区别。与我馆采用的艺术性“完美修复”不同，德国在修复效果上要求做到尽量保留原始信息（包括破损信息），整个修复效果做到“远观无区别，近看可识别”，强调修复全过程的完整记录，并注重与研究工作的有机结合。在保护材料的选择上，兼顾修复效果与材料的安全可逆。双方在修复工作上虽有差异，但德方的有益经验以及全面而严谨的信息记录态度值得我们在今后的修复工作中纳其精华，取长补短。

4. 档案管理方面

德方人员十分注重保护修复工作记录的完整性与科学性。针对每项工作，从文物信息、价值评估、工作方案编写、检测分析、过程记录到形成最后的保护修复报告，每个过程都自觉执行，绝不马虎。对文本、照片等材料，采用书面与电子留档相结合的方式，并对各种工作档案进行分类保管，做到了真正意义上的科学建档。完备的档案对博物馆的统一管理以及后人的研究利用大有裨益，对我们有相当大的借鉴作用。

德方认真严谨的工作态度，对文物的任何细节都仔细地记录、最大程度尊重和还原本质、修复方案和实施的绝对严谨（绝不将不成熟的修复方法和材料运用的文物修复保护中）、以藏品为本；对藏品最小干预信息、灵活运用工具并结合现状自己改良发明设备、超前的意识（深入对现代艺术品的新材料纳入研究和保护范畴）、分工明确；对细节的注重、多彩的博物馆商店；以及对文化的尊重与热爱，是值得国内博物馆学习和借鉴的。

今天的博物馆和过去有很大的不同，走的是平民路线，不仅要和更多的博物馆竞争，还要根据年轻一代的消费者调整经营策略。从活泼动感的宣传到现代时尚的馆内餐厅，从扫描二维码听讲解到互动体验安排，因此博物馆需要专业人士来管理投资。与传统印象相反，博物馆的工作人员并不是考古学家，而是来自不同背景的策展人、学术研究员、教育推广人、艺术史学家、画作运输人、艺术保险人、基金管理人、国际法律顾问、翻译、美术设计、编辑和行政人员，只有来自不同背景的所有人密切合作才能让博物馆运转起来。三周在德国慕尼黑、德累斯顿、柏林的交流，我们三人学习吸纳了德国文博单位的优秀工作经验，与德方及随行的中国国家博物馆、中国美术馆、广东美术馆同仁们积极交流沟通，对各自领域的业务工作都获益良多。在出访过程中，我们严守外事纪律，时刻提醒自己代表着上博人的形象，与整个团组一同圆满完成了2014年度“博物馆人才交流计划”赴德交流的任务。（图七）

Brüche hier, Brüche da

Auch das ist Globalisierung: Chinesische Kunstexperten schauen Dresdner Restauratoren über die Schulter

VON TORSTEN KLAUS

Restauratorin Heike Ulbricht (M.) erklärt den chinesischen Gästen, wie Ausbesserungen an einer ausgestellten Vase vorgenommen wurden.

图七 接受德累斯顿当地报社采访

两赴英伦

——中国的书画就应该以中国的方式来修复

2013年7月、2014年10月赴英国学习考察　褚昊

2013年我收到来自大英博物馆主办的以“早期中国绢本画：储存、修复和展出的最佳实践”为议题的学术讨论会邀请函（印象中来函笼统且简短，要求准备一篇关于绢本修复的文章，除此以外便无其他信息），并于7月23日抵达伦敦参会。第一次来伦敦，第一次孤身一人出国。当走出机场关口，看见邱锦仙老师（原上海博物馆书画修复师、现大英博物馆东方绘画修复室主持中国画修复、这次出访交流的邀请者之一）用力地挥手，之前的不甚了了和忐忐忑忑的心情随着她的热忱洋溢而烟消云散了。相信很多去大英博物馆出差的上博人都会被她的真诚感动，她经常挂在嘴边的话“上博是我的娘家”，我们则戏谑地称她是上海博物馆驻大英博物馆的联络站。

《女史箴图》修复方案

7月24日进入大英博物馆后了解到，会议邀请了包括上海博物馆、故宫博物院、台北故宫博物院、中国丝绸博物馆、韩国国家博物馆、美国弗利尔和赛克勒美术馆、日本京都国家文保协会等专业机构的十二位专家学者参会（图一），其中不乏东西方修复领域的大师。至此，才知道“国宝”级文物《女史箴图》出现问题了。

图一 《女史箴图》修复研讨会专家合影

“《女史箴图》是一幅绢本设色工笔人物画。它至今仍被认为是中国最早和最佳的手卷画。此画据传是顾恺之所作，虽然对创作者仍有争议，但此作品的重要性却是无可非议的。”“此幅手卷画在1903年进入大英

博物馆的收藏中，状况极其脆弱。从1914年至1918年，此画被分开并重新装裱。”“在当时修复的过程中，手卷被分成四个部分。绘画和题跋分别仿效日本装裱的方法装裱在两个木格子板上。另外两个部分，即外部的绛丝包首和邹一桂的绘画被分开装裱在博物馆特有的装框上。从那以后，画作没有经过任何其他处理。”（以上表述，节选于大英博物馆提供的会议资料）

图二 检视《女史箴图》

图三 进行中的研讨会

可见，在“早期中国绢本画：储存、修复和展出的最佳实践”这个会议大题目下的讨论焦点应当是《女史箴图》的修复方案。

会议分为三部分；

第一部分：检视《女史箴图》（图二）。作品已从展厅移至东方书画修复室，可做极近观察。检视情况：手卷被一分为四，观之内心五味杂陈！绢本画芯整体存在着严重的颗粒状脱落，此种现象并非自然老化所致，应与原先采用了不当的修复方式和修复材料有关联。原来修复部分的颜色较画芯本色深很多，是修复时故意为之？还是日久泛色？还有待研究。同时伴有起空现象，保存状况不容乐观。

第二部分：与会人员演讲。我发表演讲的题目为“中国古代绢本绘画修复略议”。（图三）

第三部分：讨论《女史箴图》的修复方案。这是此次会议的重点部分。东西方文化的碰撞，导致修复理念的不同，争论虽然激烈，却也精彩纷呈。

《紫禁城图》修复纪实

会议结束后我还另有一项重要任务——与邱锦仙老师合作修复《紫禁城图》轴。此幅作品由明人朱邦绘于嘉靖年间，绢本设色，画芯长170cm，宽109cm，描绘的是明代皇城紫禁城的景象。所绘建筑——朱墙玉柱，重宫复殿，所绘人物——梁冠戴佩，曳舄逶迤。整幅作品构图高远，层云绕叠，气象万千。

古书画修复是一项费时工作，如若碰上此类尺幅大、疲破严重的作品势必耗时漫长，邱老师和她的团队已做好充分的前期准备，在我抵达前已完成了清洗画芯、揭裱背、补画芯等工序，我的工作是托画芯和对画芯缺损的主要部分（实在是时间有限，只能挑重点来修复）进行全色和接笔。我的师父沈维祝先生与邱老师是1972年进上海博物馆拜师学艺的同门师兄妹，当我1991年进入上博工作时邱老师已在伦敦，与邱老师真正在修复上的合作这还是第一次。原本估摸着会有磨合期，可事实证明这是我多虑了，因为技术上的一脉相承，修复理念相通，修复工作初期开展得异常顺利。

“托”大尺寸的绢本画还是有难度的。两人需协同上浆、提画、翻转、对齐、排刷，如协调不好，手法不一，就会有撕破画芯的风险，就好比是体育比赛中的双打运动员，靠的是默契度。此时技术上的同宗同源就有了优势，况且双方对大尺幅书画的修复都有着丰富的经验，所以“没问题”。（图四）

按照正常的修复程序进入下一个环节“全色接笔”，问题也随之而来——乔安娜（大英博物馆绘画艺术保护部部长）反对“接笔”！邱老师则是非常清楚“接笔”在中国书画传统修复技艺中的重要性，她对我是非常支持的，乔安娜则坚持着最小干预、保持原状的西方修复理念。听着双方的讨论，无论从语速和声音上感觉还是蛮“激烈”，出访前在国内就有了解东西方修复理念的不同，思想上还是有些准备的。我向乔安娜阐述了我们对于全色接笔的理解和秉持的原则，以及针对这件作品接笔的依据和方法，虽然没得到明确支持，但她也没再反对。（图五）

最终修复后的效果想必是令人满意的，因为回国半年后我便再次接到了大英博物馆的邀请。（图六）

图四 在托裱完成的《紫禁城》前留念

《胡人驯狮图》修复周记

2014年10月11日我再次来到伦敦。这次是上海博物馆接受大英博物馆邀请，由书画修复研究室三人修复团队分三批与邱锦仙老师的修复团队联合修复两件明代人物绘画大中堂立轴。我是第一批，工作周期定为六周，在这期间恰逢大英博物馆正在举办明代永乐“盛世五十年”特展，之前参与修复过的《紫禁城图》被展示在进口处的显著位置，还开发了衍生产品，对于修复师来说或许是一种令人愉悦的福利吧！（图七）

此次修复对象《胡人驯狮图》——这是一幅由韦陀教授捐赠给大英博物馆的明代画家任可吏所作绢本立轴。

文物状况：画芯长163cm，宽107cm；双绞丝绢本质地（符合明代画绢特征）；颜料剥落磨损，白颜料有返铅现象，有少量白霉及污迹；画芯周身疲破、断裂、起空现象严重；画意有部分残缺，最大处位于画芯左下角（约18cm×7cm）。

第一周：完成前期待修文物的检测、分析工作，修复部分的工作正式开始。由于此幅作品的所绘颜料有脱落现象，所以在清洗前，我们调配了适当浓度的动物胶对矿物质颜料加固，以防脱落。待干后用棉签在颜料处轻拭，未见颜料掉落就可对画芯进行方裁和清洗。根据作品现状，清洗的水温、清洗的方式需要做出调整，对易掉颜料应避免高温清洗，针对画芯疲破起空的现象则采用排笔蘸水轻淋的方法，反复多次，直到吸出的水色变淡变清为止。用毛巾吸干水份，水油纸上浆，糊于画芯正面，起到固定和保护作用。揭命纸一直是书画修复工序中比较重要的环节，必须耐心、谨

图五 修复过程中的接笔处理

图六 接笔前后对比图

图七 明永乐“盛世五十年”特展入口处的《紫禁城图》

慎、仔细，不可让画芯有任何损伤。（图八）

第二周："揭画芯"结束。本周工作的重点是"补画芯"，选用和画芯材质、结构、老化程度相同或相近的补料，对齐经纬丝，由大到小逐个修补。在先前"揭画芯"的过程中证实了最初的判断——原托画芯因画芯破损严重，所以采取整绢整托的办法。"整绢托补"的方法可以缩短修复时间，但弊端是：如托画芯用浆厚，画轴舒卷手感会较硬，用浆薄则恐有起空之虞，所以我们还是选择逐个洞口修补的方法，虽耗时费力，但对文物当是最为有利。（图九）

第三周：本周可以说是"交流周"。2013年那次是个短期交流，没有更多的时间去交流参观，这次来伦敦的初期就向大英博物馆方面表达了这方面愿望，在邱老师大力支持与协调下，参观了大英博物馆新落成的文物保护中心、维多利亚与艾伯特博物馆文物修复部、剑桥学院下属汉密尔顿·克尔修复学院等几家重要的文物修复专业机构（图一〇）。

这几家机构的修复门类都是综合性的，都是根据自身藏品需要所设置的，都具有悠久历史和高水准。我最希望了解的是西方国家对纸张、绘画方面的修复所遵循的理念。文物修复大体可分为平面和立体，而中国绘画和西方绘画则同属平面修复范畴，材料、技术上虽不同，但修复理念上应该还是具有共通点的，可以相互印证，所以关于西方纸张和油画的修复是我了解的重点。

图八/a 清洗画芯

图八/b 揭画芯

图九 给画芯补洞

图一〇/a 大英博物馆文保中心

图一〇/b 汉密尔顿·克尔修复学院

图一〇/c 维多利亚与艾伯特博物馆油画修复室

第四周：因画芯疲破且尺寸较大，故“补洞”需要三周的时间。本周我在继续补洞工作之余，对日本“古糊”进行了解，对日本小粉浆的制作和使用进行研习，比较面粉浆和小粉浆的区别，分析两者的优缺点。

第五周：类似《胡人驯狮图》的破损程度，“补洞”是项考验耐心的工作，在团队的努力下，终于本周结束。按照修复程序，对修补完成的画芯进行方裁，给画芯施浆，托上命纸，隐助条，翻转揭去油纸，待干。把已干的画芯再次潮湿，除去正面残留浆糊，四面拍浆绷于板上，待干。在这次合作中了解到，邱老师使用日本皮纸对画芯进行加固，起到不错的效果，这种方式也拓宽了我今后工作的思路。

第六周：最后一周，按照合作目标，我对《胡人驯狮图》画意缺损的部分进行全色和接笔。在这次的合作中乔安娜没再提出异议（图一一）。两年后再次相遇谈及此事，她的一句话让我释怀：“英国修复师不会画中国画，所以我不会允许他们这么做，而你们是可以的！”我欣赏她的观点。对于工作她会坚持但并不教条，生活中可以和你喝酒聊天，不会为工作中的争执而不快，是一位让人觉得可爱又让人尊敬的老师。

图一一 《胡人驯狮图》局部 修复前后对比图

结语：碰撞后的平衡

和大英博物馆的两次成功合作，首先要感谢师父沈维祝先生的力荐，也要感谢邱锦仙老师在工作和生活中给予的信任与帮助，更是得益于上海博物馆与国际博物馆际间的良性互动给我们提供了对外交流的平台，馆领导、前辈老师、上博与大英同事们的支持让我铭感五内。

这次合作不仅仅展示了上博书画修复的技术能力，更重要还是在修复的理念、材料、器材、档案建立等方面的收获颇多。（图一二）

印象中，大英博物馆修复器材方面的使用是优于我们上博的，修复材料方面我们则占有本土优势，而给我留有最深印象的是他们的档案建立和映像记录工作，我们虽然也有，但还是没他们做得那么细致，以后在这方面需要提高。

图一二 与邱锦仙老师及其修复团队合影

就修复技术和风格的角度来讲，千年的传承，我们所承继着的传统修复技术是中国独有的，是最适合中国书画艺术的，也是不能够被替代的。由于历史原因，过去的中国积贫积弱，没有中国装裱师在西方博物馆工作，反而日本装裱师很早就进入了西方博物馆界，所以一直以来西方博物馆是请日本装裱师来修复东方绘画包括中国书画。自从20世纪80年代由上海博物馆培养的几位前辈远赴海外，开辟了自己事业，打破了日本装裱师修复中国绘画的垄断局面。随着国内修复师和国际上的合作、交流、展示愈发频繁，在国内外中国书画修复师的共同努力下，“中国的文物书画就应该以中国的方式来修复”已经成为国际上中国古书画修复界的共识。

由于文化的大融合，也自然而然带来了意识理念的碰撞。以前在国内获得资讯的路径不外乎文章、会议、参观，观点看起来是越来越多，可大都流于抽象，更有甚者把西方修复理论捧作圣经来读，反倒让我对“中国传统修复理念和西方修复理念的冲突在哪里？”“修复目标该如何确立？”等问题充满了疑惑。两次的大英博物馆之行以及后来2016年的冬宫之约，让我有机会走访了数家知名的文物修复工作室，了解了西方修复师对理论的理解与实践，同时也在亲历的工作中看到了理念碰撞的火花，或许他们不能代表世界，但可以让我的思路越发清晰。

理性认识西方修复理念，发扬传统修复技术优势，以敬畏之心对待每件文物，向世界展示中国的传统技艺，让类似《女史箴图》的遗憾不再发生，我想，这才是我们中国文物修复者与国际合作交流的意义所在吧！

在大英博物馆修复馆藏明代绘画

2014年12月赴英国交流学习　黄瑛

2014年底，笔者应邀赴英国大英博物馆工作，与其平山郁夫东方书画修复工作室的邱锦仙老师一同合作修复一件明代画家张翀的《瑶池仙剧图》。

该画由两部分组成：

一、上部有清代濮士铨隶书题画诗跋35行415字。

其中，下款3行33字，断句如下："群仙高会赋一则，嘉庆岁在昭阳大渊献祭。春之初，书于京华槐荫书屋。邗江濮士铨。"下有一朱文方印记。

《群仙高会赋》系后人托名吕洞宾所撰。传世以赵孟頫正楷和清成亲王永惺正楷最为著名。两者均为35行415字，前34行每行12字，末行7字。濮士铨所书格式亦仿照赵孟頫、永惺。但27行、28行中赵孟頫本和永惺本作"今吾与诸仙相遇于仁寿之室"一句，濮士铨本则为"今与吾诸仙相遇于仁寿之室"。二句区别在于赵孟頫本和永惺本句中第一人称"吾"作为主语，相当于现代汉语"我"。今译整句为"现在我和各位神仙在仁寿之室相遇。"而濮士铨本一句省略主语，采用"吾"作为"诸仙"的定语。今译整句为"现在和我们各位神仙在仁寿之室相遇。"濮士铨本释读意亦通，笔误抑或有意为之。

濮士铨，据苏楚珩《萍踪开记》载，清朝汪鋆《扬州画苑录》作濮士铃，疑误。濮士铨，字小山，江都（今江苏扬州市江都区）人。善写梅，工隶书。

其下款中纪年为"嘉庆岁在昭阳大渊献祭"，可知其活动于清嘉庆年间（1796—1820）。

又自述作于"京华槐荫书屋"，"京华"是京城之美称，言下之意为清京兆北京，"槐荫书屋"则为具体地点。濮士铨在下款中自称籍贯"邗江"，隋开皇十八年（598）改广陵县为邗江县，大业元年（605）改江阳县，该县于唐武德三年（620）并入江都县。可见自称籍贯"邗江"为地名故称，实则江都县，应与《瑶池仙剧图》作者张翀为同乡。

二、下部为张翀所绘《瑶池仙剧图》。

其左上角有楷书落款三行："瑶池仙剧""甲申冬十一月画"和"张翀"，下有一朱文方印记，漫漶不清，疑似"子羽"。

瑶池仙剧：瑶，美称，形容珍贵、美好。瑶池，古代传说中昆仑山上的池名，西王母所居之处。唐李白《长干行》诗有："妾发初覆额，折花门前剧。"剧字释义为嬉戏。该题款意为该图描绘神仙在瑶池嬉戏。

张翀，生卒年不详，活动于17世纪，字子羽，号浑然子、图南，江都（今江苏扬州江都县）人；一作江宁（今江苏南京）人。善人物，上追古法，笔墨豪迈，亦能山水，所画山石古树，苍郁深秀。在当时能得其真迹者，必如若拱璧。

作画日期题为“甲申冬十一月”，则与晚明史相关。

史载崇祯十七年（甲申，1644）三月十九日，李自成部攻进北京之时，明崇祯帝自尽。五月初二（6月6日），清顺治帝在北京登基。五月初三，由马士英、史可法等奉明神宗之孙、福王朱由崧监国于南京。五月十五日即皇帝位，年号弘光。晚明弘光元年（1645）清军渡长江，克镇江，弘光帝被迫出奔芜湖。五月十五日大臣赵之龙、王铎、钱谦益等献南京城投降；二十二日朱由崧被获，解北京处死，弘光政权覆灭。

可见绘此画之时，南京、扬州正处于晚明弘光政权统治之下。

另上海博物馆藏有崇祯十年（1637）明末抗清志士侯峒曾所绘《桐荫鉴古写真像》轴，背景湖石、芭蕉、梧桐和荷塘等，均由张翀补景。从这一侧面，亦可见张翀政治倾向之一斑。

此件《瑶池仙剧图》为大英博物馆馆藏，画于绢本上，水墨设色，纵200厘米、横110厘米。

该图绘有八仙嬉戏于瑶池的情景。八仙始定于明代吴元泰著《东游记》，传说分别代表男、女、老、少、富、贵、贫、贱。由于八仙均为凡人得道，个性与民间百姓相近，逐渐成为道教中相当重要的神仙代表。

图中布局基本以左右两侧交错布局，右侧直立最高者为吕洞宾，头著儒巾插花，面目清秀，留美髯；其右肩前有韩湘子，留双髻，微向右仰视，吹奏长笛；吕洞宾左肩前有张果老左侧面像，头戴巾，隆鼻络腮胡，手持渔鼓；其下有何仙姑抬首仰视，双丫髻，面容姣好，叶状披肩，左手指拈荷花，搭在前下方铁拐李后肩上；铁拐李（李充）左侧面像在右下方，头戴金箍束，身著毛裘，双腕戴钏，左手托葫芦，右食指抵葫芦口，左腿内弯近花篮；左侧上方曹国舅（曹景休）头戴发冠，慈眉善眼，身著儒服，下垂之手持宝版；右前方钟离权（汉钟离）头戴花，竖眉瞪目，络腮长胡，肥硕袒胸，左手扶膝；蓝采和横卧于下，仅见背影。八仙观鹤皆刻画生动传神，线条爽利流畅，着色淡雅古朴，是为张翀所画之精品。

此画原装裱为一色立轴，但前次的裱工不甚理想，裱件已出现大量断痕、折痕与起空，修复技术低劣粗糙，修补画芯所用的补绢颜色过深，质地与原画芯差别大且经纬丝有补反和补得不正，所以画心上的大小破洞清晰可见（图一）。再有因前次修复没有将背纸完全揭除干净，绢本材质的透明质感使画芯正面映出斑驳的托纸颜色，严重影响欣赏效果，故大英博物馆决定对此件文物重新修复装裱，以还原作品原貌（图二）。

书画文物在修复前先要找适合修补画芯的材料，由于年代久远的古旧纸绢现今已是非常稀有，能找到与画芯材质相接近的补材相当不易。绢本较之于纸本，可用作补绢的旧材料更为稀少，更不用说能有质地相近者。但这次我们的运气还真是不错，在大英博物馆库存的为数不多的旧绢料中，找到了与此件文物画心本体绢材相接近的旧绢料，这为本次的修复工作开了个好头，也为能达到最理想的修复效果奠定了基础。修补材料准备到位后，根据本件文物的破损特点，凭

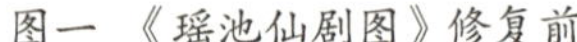

图一 《瑶池仙剧图》修复前

图二 《瑶池仙剧图》修复后

借笔者三十多年的工作经验，我们制定了严密的修复方案，并在实际的修复工作中严格按照此方案进行，通过一个月的努力与辛苦的工作，我们终于将画芯顺利的重新修复完成，并取得了完美的修复效果，得到了大英博物馆领导的肯定与好评。

以下笔者就此次修复过程的几个重要步骤略述一二：

清洗画芯：旧画表面大都会积有陈年脏污与灰尘，修复的第一道工序就是清洗。我们将画芯正面朝上摊在裱台上，用热水小心地淋洒于画芯表面，黄褐色的污水随即流出，然后用毛巾将污水吸掉。这样反复清洗三遍后，水色变清，画芯上的脏污已基本洗净。（图三）

画芯作暂时性加固：绢本书画文物在修复时，必须对画芯作暂时性加固，即在画芯正面糊上“水油纸”，以便在后续的修复工作中对画芯起到加固保护作用。“水油纸”为一尺见方大小，刷上薄浆后，一张接一张地糊于画芯正面，然后在其上面糊两层单宣加固，再将画芯翻身，刷平于桌案上。

揭画芯：即揭去原背纸与托纸，这道工序尤其需要耐心仔细，并且要有丰富的工作经验才能胜任，因为稍有操作不慎，便会对画心造成损伤，故古人早有“书画性命，全关于揭”的论述。此件画芯破损较为严重，用浆又厚，增加了揭除工作的难度。我们用镊子慢慢地、小块的揭去托纸，在难揭处用手指轻搓，再用镊子揭去零碎纸衣。为了保持画芯的湿润，用湿毛巾盖住还没有揭的地方，以使旧浆充分软化，便于揭除。（图四）

在补洞之前，我在与邱老师交流中得知，他们用于补洞的粘合剂不仅是小麦淀粉浆糊，另外还加有石花菜，石花菜是他们从日本进口的。第一，将石花菜隔水蒸一小时左右，然后过滤；第二，将过滤后的石花菜原液调入到浆糊中，这样不仅使白色的浆糊大大提高了黏度，并且浆糊的颜色也变得接近于画芯的颜色，如此补洞的效果也会变得更加自然，补洞处的颜色不会泛白，且有利于画芯的平整。

图三 清洗画芯

补洞：这是书画修复中的又一关键性工序，它直接关系到修复后的效果，原裱正是因补洞技术的拙劣，才造成破洞清晰可见。笔者先用刀对破洞边缘进行修整，刮去脏污与黑口，并将洞口刮得薄些，这个技术行话叫“做口子”。然后对准经纬丝，将补绢剪出洞的形状后贴于破洞上，待干后，再刮去多余部分。为了达到最完美的修复效果，笔者用了两个多星期的时间，每天始终以一丝不苟、认真细致的工作态度工作数十小时，才终于将大大小小的破洞全部补

图四 揭画芯

完。（图五）

托画芯：因画芯是绢本，交织的丝纤维间有空隙，为使托好后的画芯颜色饱满，笔者手工染制了与画芯底色接近的托纸。又因此画尺幅大，托画芯的“命纸”必须三段拼接，为了加强拉力，我们还决定在背后再加托一层日本薄皮纸作加固。（图六）

托画芯的工作顺利完成后，此次赴英的修复任务也接近尾声，经过一个月的辛苦工作，明代张翀《瑶池仙剧图》又重新展现在我们面前，当然，它已经比之前更完整，更能体现出该作品的艺术性。

完成该幅绘画修复工作之后，我利用业余时间，在邱老师的带领下，参观了他们的木版画和油画工作室、文创产品销售商店以及各个展厅，受益匪浅。

图五 补洞

图六 托画芯

大英博物馆的每一个主题展厅内也都蕴涵着历史文化气息。来到书画展厅，邱老师给我介绍了她修复过的多件曾经残破严重的书画作品，其中有敦煌书画、明代绢本和纸本画等等，历经这么多年的陈列，修复之处现在看起来仍然十分平整，为观众带来了视觉的享受与美感。

博物馆，尤其是艺术博物馆，对于一般公众而言，常会与雅致、品位等词语联系在一起，可见艺术博物馆之于公众心目中的形象普遍较高。在大英博物馆，当看到展厅里光彩夺目的陈列品，具有亲和力的展示空间和说明文字，如同美的享受，沁人心脾，其实在这些光鲜背后凝聚了学术部门、公共部门、志愿者团队等的综合力量和心血，是众部门协调统一、群策群力的结果。

图七 与修复团队成员合影

通过这次交流与学习，使我学到了很多知识，无论从书画修复方面，还是从展览等各方面，收获颇丰，对我今后的工作将产生更大的帮助。

最后，再次感谢馆领导给我这次学习的机会，及文交办给予的大力支持与帮助。（图七）

赴大英博物馆学术交流

2014年10月赴英国学习考察　周祥

在英国Robinson Trust基金会的赞助下，应大英博物馆币章部汪海岚女士的邀请，我于2014年10月8日至15日赴英国大英博物馆进行学术交流。（图一）

10月9日、10日，不仅参观了大英博物馆有关古埃及、古希腊罗马、古代东方艺术等常年陈列，以及大英博物馆的地下文物科技保护实验室，还参观了正在举办的“Ming: courts and contacts 1400—1450”展览，参加了为之同时召开的国际学术研讨会。（图二）

图一 在大英博物馆前

因为是第一次到大英博物馆参观，或许是多年浸润于博物馆和职业的习惯，所以自然会非比寻常地更加关注其各展厅的陈列内容和陈列方式，并相应地会与上博进行比较。尽管展示的都是一种文化的历史，相对来说，大英博物馆对器物个体的展示比较讲究，而我们则注重于器物整体的表达。从陈列和展览的内容设计上来说，同样都是想表达一个主题，大英博物馆通过琳琅满目的展品，或许主观上想让文物本身来讲述历史，但这一设计不免显得比较凌乱而线索不清，相反，我们的陈列展览则显然更精雕细琢，主题突出。（图三）

给我印象特别深刻的是，大英博物馆举办的“Ming: courts and contacts 1400—1450”展览。据说，这个展览从筹划到展出，花了三年的时间。办一个自主展览要花三年或更长的时间，这在我们国内恐怕是不可想象的。而事实上，这个展览不仅策划得好，因为时间充裕，可以围绕展览开展相应的学术研究，反过来使之得到学术研究的反哺和支撑，所以该展览既引起了学术界

图二 展厅内的陈列

图三 琳琅满目的展品

图四 标志性的屋顶

的关注，也吸引了观众的瞩目，反响很大，与之同时举办的学术研讨会也是相当成功的。该展览以项目形式，从策划、筹备、布展，直到开幕的过程，是值得我们学习的。特别是策划，这是我们目前的短板，是我们需要提高的。

通过参观大英博物馆举办的“Ming: courts and contacts 1400—1450”展览，我个人觉得，至少在内容设计上，我们是可以借鉴的。我们博物馆定位是艺术性的博物馆，总体上来说，每个陈列的内容实际上都在讲每一种器物的发展史，反映不出这个历史时期的艺术全貌或社会生态。而该展览内容采用组合式的方式，通过对展品的分组和内容的设计，从各层面来体现所要展示的这个历史时期的无论是社会的还是艺术的整体风貌，使得观众获取的不再是单线条的或点状的历史和艺术的内涵及认识，相反是一种丰满的、全方位的收获。所以，建议我们博物馆以后的展陈时应该加强这一方面的策划。

10月11日，参加了由大英博物馆币章部汪海岚女士和耶鲁大学韩森教授共同主持的“中国纸币史”学术研讨会。确切地说，这是一个有关中国纸币的学术沙龙。参加这个会议的专家学者来自于英国牛津大学、美国纽约大学、日本东京大学等，除了大英博物馆的汪海岚女士，他们主要研究的对象大多是经济史方面的，对中国纸币史并不太熟悉。会议桌上只放置了一本我在2004年出版的《上海博物馆藏品研究大系·中国古代纸钞》。会议就中国从公元1000年到1450年纸币产生与发展，进行了广泛而深入的讨论，但因为与会者大多不懂中国纸币文物，因此，更多的讨论相对集中于经济史方面的，并也只能泛泛而谈，只能期待在下次会议上能集中于中国纸币史的相关问题展开研讨，取得更大的成果。

我对能参加这次会议还是比较重视的，不仅因为这是自己第一次参加国外学术会议，也是为了能不虚此行，充分展示作为唯一一位来自上海博物馆人员的风貌和在中国纸币研究方面的作为。所以，在去英国之前，我就做了比较充分的准备，撰写了《近十年来中国纸币研究综述》一文。到了英国之后，这篇论文作为提交会议的唯一一篇学术论文散发给与会者。我在会议上做了主旨发言，就中国古代纸币的研究现状、如何进一步研究中国古代纸币等问题，和与会者进行了有益的探讨，提出了自己的见解和看法，获得了与会专家学者的好评。

对我来说，不是以博物馆派遣的形式，而是以英国Robinson Trust基金会赞助的方式到大英博物馆交流，可以说，机会是极其难得的。所以我不敢怠慢，且倍加珍惜。（图四）

10月12日至14日，因为我是第一次到英国，所以大英博物馆币章部的汪海岚女士出于好意，建议我不妨游览一下伦敦，但我却向她提出想看其馆收藏的中国纸币的请求，并得到了满足。在汪海岚女士的协助下，将大英博物馆收藏的中国纸币文物全部仔细地检阅了一遍，对其每张品名、藏品号等作了相应的详细记录。通过查看大英博物馆收藏的中国纸币，对照我们上海博物馆的收藏，虽然我馆收藏的中国纸币无论数量上还是总体质量上，都胜过于大英博物馆，但大英博物馆的收藏品种也有我们所缺乏的珍品。在查看过程中，还就有关问题向汪海岚女士咨询并进行了探讨。

当然，在这次赴英期间，利用大英博物馆休假一天的时间，参观了白金汉宫、威斯敏斯特大教堂、伦敦塔桥等英国的历史名迹，对了解和认识英国，还是大有裨益的。

这次赴英，虽然时间较短，日程安排紧凑，但收获很大。我很感谢馆领导对我这次赴英学术交流活动的支持，同时也希望以后能有更多的机会与海外同行进行这样的学术交流，因为只有扩大学术交流，学术研究的视野才可能进一步拓展，学术研究的成果才有可能更加丰满。

日本藏中国古砚

2015年3月赴日本考察学习　华慈祥

砚亦称为研，汉末刘熙载《释名》曰："砚者，研也，可研墨使和濡也。"指出砚是研墨的工具。在文房四宝中，砚位居末席，只是笔墨纸三宝作为有机物，不易流存，而砚质地坚实，能传之百代，故成为鉴赏、收藏的重点。

日本学者对中国古砚素有研究，其研究始于江户时代。中国古砚在日本有着广泛的收藏，其古砚藏品质量较高且占有十分重要的地位。日本一些藏品有明确的入藏时间，如正仓院于753年入藏的唐青斑石砚，在一定程度上具有断代标准器的作用。日本出版的《古名砚》《古砚》《东京精华砚谱》等也是我们研究中国古砚的重要资料。

2015年3月16日—3月27日，我赴日本对相关单位收藏的中国古砚进行了考察，对日藏砚的水平有了初步认识。

东京台东区立书道博物馆

书道博物馆收藏的中国文物以书法作品、甲骨、青铜、石碑等为主，也有部分墨与砚。对该馆古砚的考察在展室进行。展示的砚台大概有七至八方。时代跨越唐、宋、元、明，材质则有陶、端石与洮河石等。值得注意的是在砚的断代上需要商榷，两方唐代的砚定为汉砚。一方是陶龟砚，砚呈龟形，无盖。早期的中国学者也曾把陶龟砚定为汉代，王冶秋在《刊登砚史资料说明》中将龟砚断代为汉砚，是"据长期研究砚史的人，擅长复制古物的老技工，以及日本有邻馆藏一陶龟砚，都认为系汉代文物"。而随着大量考古资料的发表，特别是唐墓或唐代遗址六方龟砚的出土，龟砚定为唐代已无异议。另一方陶砚为箕形（图一），砚首呈莲瓣形，砚面立雕一鱼，有花草为饰，尾端

图一 唐 箕形陶砚 东京台东区立书道博物馆

下部有两锥足。箕形陶砚为典型唐代砚式，中国的大江南北都有出土，特别是中原地区，是唐代最普通的出土砚之一。

东京国立博物馆

东京国立博物馆是日本收藏中国古代艺术品最为重要的机构，其珍藏的中国古砚在数量与质量上也是相对较好的。在东博的提看室上手看了三十方左右的古砚，以明清时期的为主，材质有端、歙、洮河、砖、澄泥、翡翠等。

东博的藏砚中有不少材质出众、质地精良，砚上有为后世称道的石品花纹。如歙砚中罗纹、眉纹、金星、金晕、银晕；端砚中的蕉叶白、石眼、虫蛀、火捺、青花等。例如：明长方形歙砚（图二），器形规整，砚面平坦，四周起窄边。砚色青碧，通体布满暗细鱼子，纹理如水波，上有眉纹数组。眉纹呈条状斑纹，平行横向分布。每组眉纹中有墨线，上下夹有白线，白线外面有墨晕环绕。其纹理奇特，色泽华美。

南宋绍兴三十年（1160）佚名《歙砚说》介绍歙石石品时说：“枣心，青润可爱，中有斑纹，中广，上下皆锐，形若枣核。”南宋嘉定癸未（1223）高似孙《砚笺》卷三十“枣心石”条曰：“枣心两头尖如枣核，又如晴昼微风清沼涟漪。”

以此砚对照上述宋代文献，青色的砚面上有如水波的暗细鱼子与高似孙描述的“如晴昼微风清沼涟漪”相吻合，而平行发布的眉纹如同枣核，也与文献记载一致。即所谓枣心眉纹。眉纹呈条状似人眉，为歙石中的主要石品，细分为阔眉纹、细眉纹、长眉纹、短眉纹、对眉纹等，而枣心眉纹为眉纹中的罕见之品，具有此样眉纹的古砚十分稀有，而见到的大多只有一二组，而东博

图二 明 长方形歙砚
东京国立博物馆藏

图三 清 牧园铭蕉叶形歙砚
东京国立博物馆藏

图四 明方形双龙纹歙砚
东京国立博物馆藏

图五 清 随形端砚
东京国立博物馆藏

图六 清 长方形端砚
东京国立博物馆藏

图七 清 抄手端砚 东京国立博物馆藏

图八 清 长方形翡翠砚 东京国立博物馆藏

此砚有五组。只是该砚非宋代砚形，而是明砚。

东博的其他歙砚砚质出众者还有：清牧园铭蕉叶形歙砚（图三），砚色青黑，有罗纹与眉纹；清诚翁说诗之砚，砚上琢出圆形墨池，绚丽的金星、金晕分布砚面；明方形双龙纹歙砚（图四），砚额刻双龙戏珠，砚堂呈蝉形，砚堂里有点点银晕，如银河隐现。

东博的端砚也值得赞赏，某些砚上的石品是端石中的名品。如清随形端砚（图五），上有虫蛀以及大批的鹅毛青花等石品；清长方形端砚板（图六），上有整片蕉叶白，如蕉叶初展，娇嫩温润；清抄手端砚（图七），砚面尾部有呈半圆形的火捺，此种称为金钱火捺，是火捺中的上品。

除了端、歙有材质优良者，其他砚种也有出类拔萃的。如清长方形翡翠砚（图八），色呈深

图九 清 翡翠圆砚 上海博物馆藏

绿，光素无纹，砚面淌池式，砚背平，砚形简单，留有加工痕迹。上海博物馆也藏有翡翠砚（图九），圆形，器形小巧，琢制简练，充分保留翡翠天然的美感，只在砚面开出月牙形墨池，与东博的长方形翡翠砚在艺术风格上是一致的。

东博的藏砚中还有一些值得进一步研究与探讨，如龙凤端溪石天然砚（图一〇），砚大略呈椭圆形，正反面浮雕龙凤纹，饰纹粗俗而无章法。砚侧有乾隆隶书御铭："鸿波浡潏天之纲，咸池沐浴阳德光，紫云既劚龙凤翔，葆珍韫采登文房，挹兹学海吐沛滂。"款落"乾隆乙未御题"，钤宝二，曰："古香""太璞"。砚的另一侧有收藏印："张氏藏石"。

此砚的乾隆御题为伪作，在《西清砚谱》中有一方御制旧端石海天浴日砚，砚侧有乾隆御题："鸿波浡潏天之纲，咸池沐浴阳德光，紫云既劚金乌翔，葆珍韫采登文房，挹兹学海吐沛滂。"款落"乾隆乙未春御题"，钤宝二，曰："古香""太璞"。海天浴日砚背刻有三足乌，即"金乌"，故诗中有"紫云既劚金乌翔"句。而东博此砚无三足乌，惟有龙凤，故将龙凤代金乌。此砚在一方做工粗率的砚上刻稍加改变的假御题，作伪手法低劣，应是民国时期的作品。

图一〇 龙凤端溪石天然砚 东京国立博物馆藏

五岛美术馆

五岛美术馆在东京都世田谷区，主要收藏日本与东洋的古代艺术品。在美术馆里看了五方古砚。其中有一方明双鹅池抄手端砚具有明砚的典型特征（图一一）。此砚作抄手形，砚堂平坦，周起宽边，上刻波折纹与回纹。墨池内高浮雕双鹅戏水图，双鹅曲颈相向，作依偎状，戏起池水涟漪。此砚砚体厚重，雕琢古拙。

明砚的造型风格与纹样刻画具有浑厚古朴，明快简洁，端庄大气的艺术特点，明双鹅池抄手端砚是一个很好的例证。

五岛美术馆藏的另一方明砚是蓬莱洮河砚（图一二）。呈长方形，砚面刻仙山楼阁，周缘刻回纹。周壁刻海水异兽。砚底覆手内有海水汹涌，托起一叶，叶上书“贝叶”两字。

“蓬莱”是中国古砚上较为常见的题材，刻画蓬莱仙岛的即为蓬莱砚，一般呈长方形或椭圆形，砚材有洮河、端石、歙石、澄泥等，以绿色的洮河石为主。砚面刻仙山楼阁，墨池呈窄长方形，砚堂大多方正。周壁素面或刻海水异兽。砚底或抄手，或覆手，覆手内或有纹样。

与蓬莱砚相提并论的还有兰亭砚，亦有长方形与椭圆形二种，砚面及周壁刻兰亭修禊图。砚面是兰亭景象，以曲水为墨池，池间有小桥相连，有文士三二闲坐。四侧刻环景修禊图，茂林修竹，曲水流觞，饮酒赋诗，挥洒情愫。这些兰亭砚的覆手内一般刻兰亭序或鹅戏水。砚质大多是洮河石或绿端石。在中国的藏砚者看来，藏砚的目录中缺了蓬莱和兰亭砚不能算是一个合格的藏家。

考察的诸家日本藏砚机构大多藏有蓬莱或

图一一 明 双鹅池抄手端砚 五岛美术馆藏

图一二 明 蓬莱洮河砚 五岛美术馆藏

兰亭砚，而日本二玄社出版的五卷《古名砚》中，蓬莱和兰亭砚有几十方，估计是受中国藏砚喜好的影响。

静嘉堂文库美术馆

静嘉堂文库美术馆也在东京都世田谷区，以收藏中日古籍而闻名。同时收藏的中国的艺术品也有较高水平，尤其以陶瓷器见长。在该馆上手看的数方砚中一方清钟形铜砚引人注目。

砚作仿古钟形（图一三），砚首外透雕一环形提手，上刻龙首相背；砚面为淌池式，周缘刻夔龙纹、乳丁纹等。砚背也做出砚堂样，其上有铭：“维斯铜研不朽几年则休嫌钝操莫如坚。”落款“黄氏珍赏记”。

中国的砚种大多以石与陶瓷为主，金属质地的砚极为少见。相对较多的金属砚是铁砚。明代，铁砚往往制作成暖砚，用铁的导热性防止墨汁冻结。而金属砚中的铜砚更是凤毛麟角。早期的铜砚在南方有出土，是在六朝时期南京周围的墓葬。如1998年江苏南京仙鹤观东晋墓出土有圆形铜砚，为东晋早期。形作浅盘、子母口、直壁，平底，三兽蹄形足。南京附近的镇江东晋墓也有铜砚出土，器形硕大，设弧面盖，圆球钮。晚期的铜砚多为传世，如天津博物馆藏的明双虎纹铜砚，墨池两端立雕铜鎏金双虎，是砚中奇品。

静嘉堂文库美术馆藏的清钟形铜砚，器形小巧，精致，砚背的砚铭更是增添了文人意趣。

图一三 清 钟形铜砚 静嘉堂文库美术馆

德川美术馆

德川美术馆坐落于名古屋市，保存了自德川家康以来尾张德川义直家历代收藏的物品，是日本唯一一家比较完整保留大名遗物的美术机构。据美术馆工作人员介绍，该馆收藏的部分古砚是在明代晚期进入德川家的。在美术馆看的数方砚中一方色呈紫红的石砚值得重视。

此砚呈扁长方形（图一四），墨池为花口，砚面平，周缘刻一周卷草纹。砚额上一铭：“此祁砚也，铭曰：‘端贵鸲眼，婺珍龙尾，祁产马肝，庶几厥美，享我斯文，自兹伊始’，嘉靖戊子季春之吉，镜山居士李汎铭。”砚背平。

李汎，字彦夫，号镜山居士，安徽祁门人。弘治乙丑进士，授工部主事，历正郎，出知思恩府。出生于安徽祁门的进士李汎认为此砚可以比肩于端歙，是产于祁门的祁砚，具有色呈马肝（紫红）的特点。民国马丕绪的《砚林胜录》记载：“祁门县文溪所产石，紫色理润，发墨颇与后历石美坚。”有研究者根据此线索，于1983年在祁门县境内发现此石，石色呈紫绛色、紫红色、石质细润。此种出产于祁门的砚因色呈马肝，俗称为“祁门红”。

关于“祁门红”相关资料与实物十分罕见，德川美术馆的此方有祁门进士李汎作铭的祁门砚是重要证物。

图一四 明 李汎铭祁门砚 德川美术馆藏

日本CT技术在文物中的应用

2015年3月赴日本交流考察　丁忠明

博物馆在研究、评估文物的过程中，无法对文物进行破坏性的检测分析，所以在科学检测手段中，无损分析是首选。

上海博物馆于2009年购置了两台X射线探伤机后，为馆内外的青铜器做了大量无损检测分析，为研究青铜器制作工艺、铭文识别、保存状况等提供了直观、科学的依据，同时为器物真伪鉴别提供了参考价值。除青铜器之外，上博还检测了漆木器、陶瓷器等不同材质的文物，得到了有益的检测尝试。

在积累了多年X射线无损检测经验的基础上，并且尝试了文物在CT设备上检测的效果后，我馆启动了CT设备的购置。为了更多地详细了解CT在文物中的应用，对已经应用CT检测文物的博物馆进行考察学习是很有必要的。

日本博物馆行业是CT在文物应用研究中的领先者，因此，2015年3月22日至31日，由文交办孙峰老师带队，文物保护科技中心丁忠明和黄河等一行三人，对日本几大博物馆中CT设备的配置及应用情况作实地考察，并与相关研究人员对CT设备在文物中应用方向、成效及问题等作了探讨和深入了解。这一交流将有助于今后指导我馆CT设备的应用，及避免相类似问题的再次发生。

图一　600Kv的CT系统

在十天的行程中，主要考察交流了东京国立博物馆、九州国立博物馆、九州历史资料馆、国立科学博物馆、京都国立博物馆、奈良国立博物馆等馆所。对这些博物馆的CT配置及应用现状作了详细了解，同时参观了各大博物馆的实验室及展厅。

在博物馆行业中，东京国立博物馆是CT设备配置最为齐全、所花费用最昂贵的单位，共花费了700万欧元购

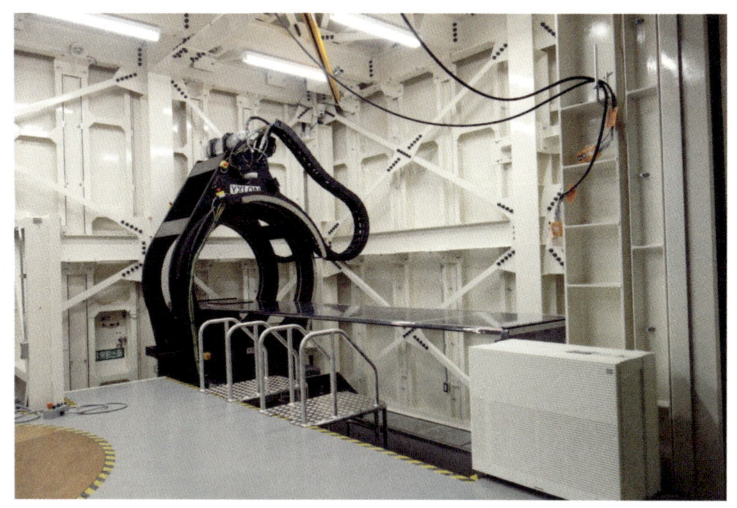

图二 450Kv的卧式CT系统

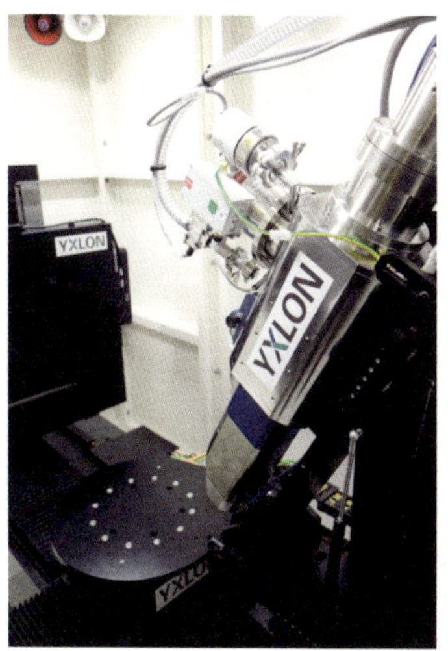

图三 微焦点CT系统

置了三套CT系统，其中立式600Kv的CT系统及卧式450Kv的CT系统都属于定制系统。此外，还有一套数字射线成像系统（DR）和1套便携式X射线机。五套设备的基本配置特点如下：

1. 最高电压600Kv，两种探测器：面扫和线扫。线阵列探测器长1.2m，可做最大直径2.5m的器物（图一）。

2. 最高电压450Kv（卧式），面扫，射线机头旋转，器物不动，可检测文物尺寸宽1m，长2.5m（图二）。

3. 最高电压225Kv，面扫，可作精细扫描，射线机的微焦点可达到6μm（图三）。

4. 最高电压225Kv，1mm的小焦点，射线机与探测器可同时移动，能对大幅平面的文物进行检测（图四）。

5. 最高电压60Kv，便携式射线机。可用于现场文物检测。

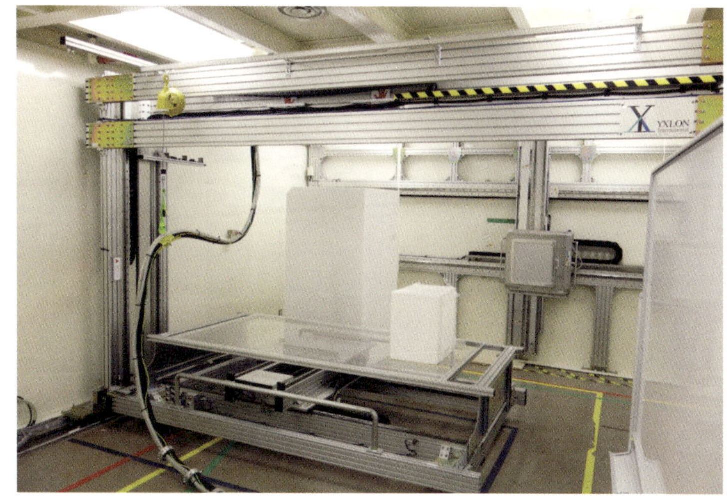

图四 数字射线成像系统（DR）

东京国立博物馆于2013年开始正式使用CT设备检测文物。在两年的检测中，主要针对外馆来展览的文物和馆内需要修复的文物两大类。检测的文物材质主要包括：青铜器、化石、陶瓷器、漆木器和雕刻等。由于拥有三台功能各不相同的CT

设备，在检测不同材质和不同大小的文物上有很大的浮动空间。虽然CT设备启用近两年时间，但已经检测了较多各类材质的文物。相信该馆在今后的文物检测中仍具有较明显的优势。

九州国立博物馆自2006年将CT技术应用于文物研究，走在博物馆行业使用CT技术的前列。该馆配置了二套CT设备。

其中一套CT上配置了两个射线机头，即最高电压为320Kv和225Kv；配置两种探测器：面扫和线扫；载物台直径600mm。这是比较经济实用性的配置。（图五）

另一套CT是专门为了做木材漆层的微型化CT设备，只适合做轻质材料的小样品。最高电压100Kv，焦点10μm。（图六）

该馆对大量各类文物做了研究，如青铜器、陶瓷器、漆木器等。目前正在对陶范进行检测，分析表明面范内无气孔、背范气孔分布多，这与我馆取样研究的钱币范结果一致。研究人员针对背范的孔洞形状等特点，讨论其形成的原因。还通过CT扫描木器发现树的年轮，从而判断树木的种类等。通过CT检测，发现江户时代外表相似的瓷瓶，其内部的制法是不同的，并在CT软件上可倒推制作工艺。

总而言之，九州国立博物馆CT技术在文物中主要有三大应用：材质工艺研究、保护修复检测、展陈教育拓展。

在多年的应用中，该馆积累了丰富经验：1. 预防性修复时，CT检测是必要且重要的手段；2. 每件器物的CT检测结果数据量是相当大的，需要花大量的时间细致而耐心地分析研究；3. 多专业、多种研究方向结合，从不同专业、不同角度研究CT数据；4. 通过材质的区分、工艺的特征，能辅助鉴别古代器物的真伪。

该馆CT扫描与三维打印相结合，是目前了解到的文博行业唯一一家将两者结合使用的单位。这可以运用在展陈教育中，不仅使观众看得到文物，还能让观众摸得到文物的模型。

日本泉屋博古馆藏有丰富的中国青铜器，目前，该馆已有较多的青铜器已经在九州国立博物馆做了CT检测。在展陈青铜器的同时，常配有拍摄的CT截面图像展示及3D打印结构模型。这种展示方法，除了让观众看到青铜器的浑厚造型和精美纹饰，还能让人清楚了解器物内部结构，从

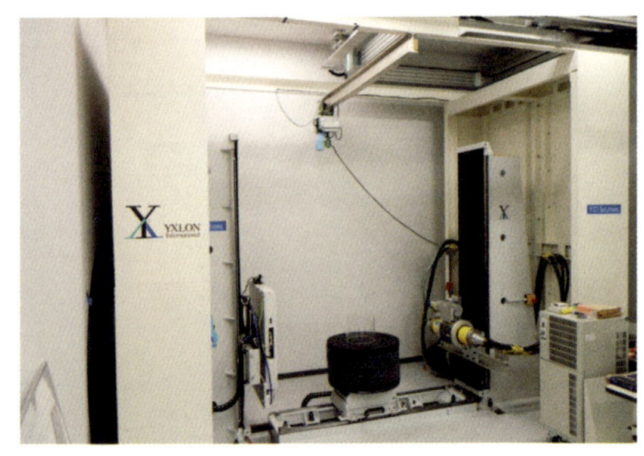

图五 双射线源CT系统

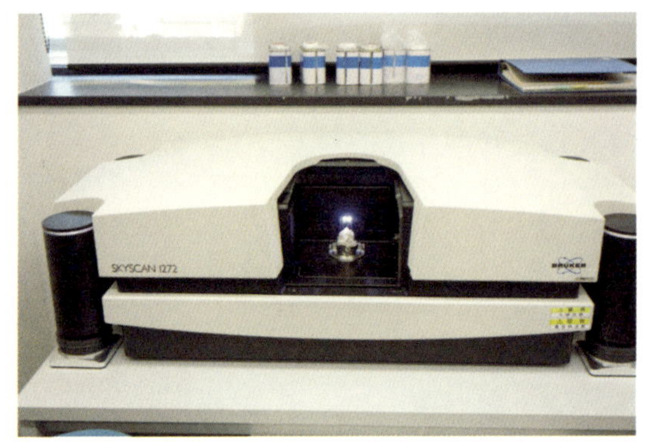

图六 微型CT设备

图七 225Kv的CT系统

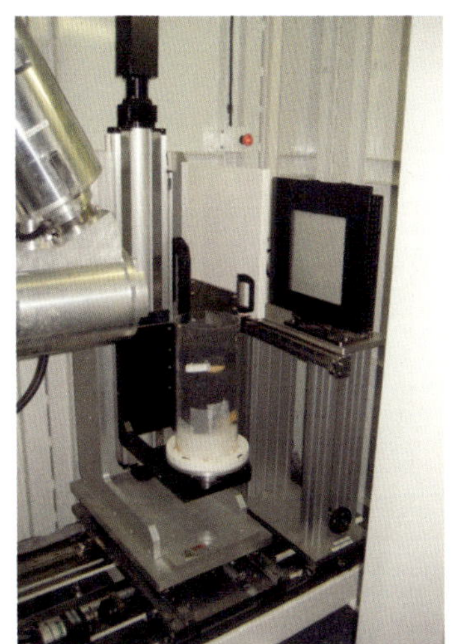

图八 320Kv微焦点CT系统

而理解古代独到的青铜技术，领略古代青铜工匠精湛的制作技术。

九州历史资料馆是福冈的县立博物馆，2013年开始引进CT设备，目前在软件配合使用上还存在一些问题。CT配置的X射线机最高电压225Kv，面阵列探测器是20×20cm2（图七）。由于设备比较单一化，检测的器物材质较轻，形状较小，对于大件器物则到九州国立博物馆分析。目前，CT设备主要应用于佛像工艺研究、发掘品出土修复前的检测等。

国立科学博物馆位于东京国立博物馆附近，该馆的CT系统是由日本公司组装，X射线机最高电压320Kv，焦点只有40μm，配有面阵列探测器，大小为20×20cm^2。CT装置的空间狭小，焦距仅为60cm。（图八）

该CT设备主要应用于动物骨头的检测，通常电压要使用到约270Kv。另一个重要应用是对外展示操作过程，即对前来参观科学馆的观众展示CT的检测过程，让更多的人了解CT检测技术及动物骨头的内部信息。这具有直观、生动的教育意义，是其他博物馆所无法做到的。

京都国立博物馆配有的CT是日本国内生产的最高电压230Kv的X射线机，配置了面阵列探测器，大小为40×40cm^2（图九）。CT室面积较小，主要是文物修理前检测和木佛像的研究工作。目前CT的应用还处于起步阶段。

从上述五个日本博物馆的CT应用情况，可以了解CT在博物馆应用中至少有以下几方面：

1. 各类材质（如青铜、陶瓷、漆木器、动物骨头等）文物的检测分析，研究器物的工艺、材质，揭示内部信息及保存状况等；
2. 文物保护、修复前的检测，对后期的保护修复起到一定指导意义；
3. CT检测图像运用于陈列展览及学校教育；
4. 与3D打印技术相结合，打印的模型可用于修复、复制文物，并可作为与观众互动的实物；
5. 观众参观现场操作，具有直观的教育意义。

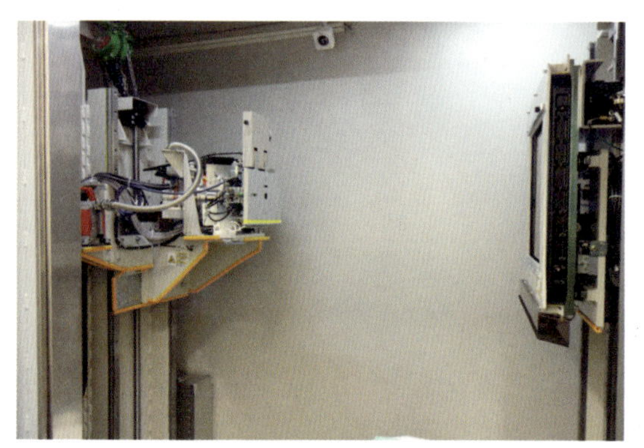

图九 230Kv的CT系统

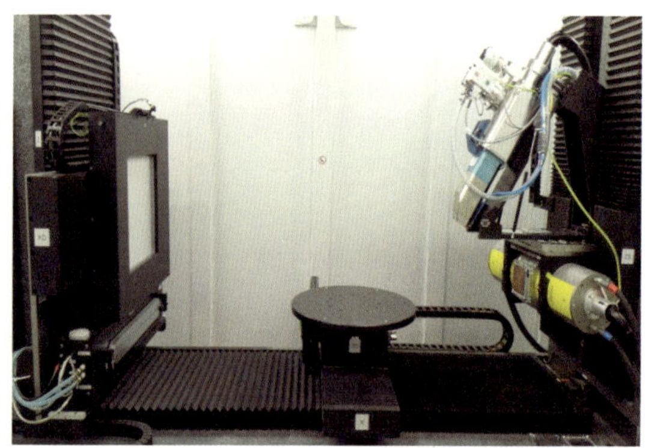

图一〇 上海博物馆Y.CT Modular CT系统

日本博物馆的CT应用，已经取得丰硕的成果。作为藏有丰富的青铜器、漆木器、陶瓷器等文物的上海博物馆，CT设备的应用前景应该是非常广泛的。所以配置CT是非常有必要，也是提升我馆科研水平的一个重要手段。

在充分的前期调研和实物试验，综合考虑我馆文物特色及现有的实验场所，选取CT各部件的配置如下（图一〇）：

1. 最高电压450Kv的X射线机，双焦点：0.4mm\1.0mm；
2. 最高电压225Kv的X射线机，微焦点：最小焦点至6μm；
3. 两种探测器：面阵列探测器及线陈列探测器；
4. 载物台直径最大60cm，可最大承载200Kg重的器物；
5. 检测器物高度达125cm，直径达86cm。

以上配置不仅可以对厚重的高密度青铜器进行细致的检测，也可以对轻质材料作快速而精细的检测。检测的平台能适用于绝大多数文物的尺寸。展望我馆CT检测的应用前景，主要体现在以下几方面：

1. 各类材质（如青铜、陶瓷、漆木器、石质、骨头等）文物的检测分析，研究器物的工艺、材质，揭示内部信息及保存状况等；
2. 文物保护、修复前的检测，有助于修复人员了解内部破损情况；
3. 典型研究案例图片的展示，提高观众对古代工艺技术和内部结构的认知；
4. 考古发掘品清理前的检测，指导进一步清理工作。

参加ITP培训项目
及大英博物馆亚洲部日常工作

2015年7月赴英国培训考察　李兰

本人于2015年7月26日至10月4日参加了为期十周的上海博物馆与大英博物馆合作的文化交流项目。本次交流项目得到隶属于英国政府的Department for Culture Media & Sport的全额资助。在此期间，并于7月26日至9月6日参加了为期六周的大英博物馆举办的国际博物馆从业人员培训项目(International Training Programme)，简称ITP。之后于9月7日至10月4日，协助大英博物馆亚洲部进行为期四周的日常业务工作。

大英博物馆（British Museum），又名不列颠博物馆，位于英国伦敦新牛津大街北面的罗素广场，成立于1753年，1759年1月15日起正式对公众开放，是世界上首家国立公共博物馆。大英博物馆拥有藏品八百多万件。其中包括世界上许多国家珍贵的文化遗存，如著名的帕特农神庙、罗塞塔石碑、埃及文物等等。

一、参加2015年度第十届ITP培训项目

本人有幸参加“2015年度第十届ITP培训项目”。本届ITP学员由来自14个国家的24位博物馆及相关专业从业人员组成。ITP项目始创于2006年，以大英博物馆为主要授课地点，同时联合英国多家地方博物馆进行为期六周的培训。该项目致力于在全球博物馆范围内建立广泛的交流与合作，提供全方位的博物馆专业培训，协同

图一 ITP培训项目开班仪式上，大英博物馆馆长Neil致辞

图二 在ITP培训班上作报告

世界各地区的博物馆共同发展。（图一）

为期六周的ITP培训项目的授课内容是丰富多彩的，涵盖博物馆工作的方方面面，其中包括博物馆管理与馆际交流、藏品征集与保存、藏品修复与科学研究、图书馆与档案管理、人事工作与志愿者、安全保卫与观众服务等多个领域。同时，ITP培训的授课形式是多种多样的，其中包括专家讲座、分组讨论、调研报告、参观走访、动手实践等。（图二）ITP培训项目由大英博物馆非洲部埃及组负责，参与本项目的工作人员都非常专业并且具有敬业精神。整个培训组织严密，从赴英培训之前个人兴趣爱好的调查，到向每一位学员发放本届学员及授课教师、工作人员的详细个人资料和联系方式，再到电话卡、交通卡、地图的发放，处处体现了组织者细心周到的服务精神。

通过六周的ITP培训，使本人获益良多。首先，与国内外博物馆同行的交流，中外文化的对比与交汇，使本人开拓了的眼界。其次，通过六周的ITP培训，使本人了解到中国博物馆与英国博物馆的差异与不同。

1. 博物馆的教育功能

英国博物馆和美术馆充分开发教育功能，推出许多的教育活动项目。这些教育活动有很强的针对性，有些是针对十几岁的青少年，有些是针对二十几岁的青年，有些是针对退休的中老年人群，有的甚至是针对婴幼儿的年龄段。针对不同的人群，教育内容皆不同。通过教育活动，培养和吸引不同年龄阶段的人群走进和喜爱上博物馆和美术馆。用曼彻斯特美术馆的一位工作人员的话来说："博物馆和美术馆就是一所没有老师和课桌的学校。"相比之下，中国博物馆的教育工作还有很大的开发潜力，例如：目前中国博物馆的教育工作多数针对小学生，还可以进一步扩大教育的范围，研发出有针对性的教育内容，吸引不同群体的人们了解博物馆、热爱博物馆。

2. 志愿者

英国政府对博物馆和大学的财政开支有限，因此如何筹钱是博物馆和大学面临的重要问题（为了筹钱，曼彻斯特美术馆甚至出租博物馆场地用于举办婚礼和聚会）。由于财政开支有限，英国博物馆不断裁员，相应地就是大量聘用志愿者。英国博物馆正式员工有八百多名，志愿者有六百名。这些志愿者不拿工资，深入到各个部门，协助部门工作，发挥了相当大的作用。他们多数是由在读硕博士和退休人员组成，并经过严格的审查。在读硕、博士生通过志愿者服务可以丰富阅历，增长工作经验，这与中国博物馆的实习生工作相似。英国博物馆吸收退休人员做志愿者是一大特色。退休人群，尤其是刚刚退休的中年人群，阅历丰富，还希望为社会发挥余热，做些力所能及的工作，因此他们是由衷地喜爱志愿者工作，视博物馆志愿者工作为事业的新起点。相比之下，中国博物馆和美术馆的志愿者制度还有待于进一步开发和合理利用。

3. 档案建设

英国博物馆非常注重档案建设，不仅完好保存文字档案，同时保存实物档案，建立档案馆。牛津博物馆甚至保持着几百前的博物馆陈列状态，博物馆本身就是一部可供学者研究的历史史料。中国的博物馆在档案建设和馆史研究方面应该给予足够的重视，注重研究馆藏文物的同时，还应该关注博物馆本身的过去、现在和未来。

4. 社区博物馆

英国博物馆行业，不仅关注大英博物馆这样的大型博物馆，同时关注社区博物馆的建设发展。英国博物馆多数为世界性、综合性的博物馆，藏品覆盖面极广，涵盖世界各地的艺术形式，突出"博物"的概念。社区博物馆的功能是为周围社区居民服务，丰富社区居民生活，非常注重居民的参与互动。社区博物馆的藏品亦丰富多彩，包含世界各地及多元的艺术形式，甚至包括小型动植物园和水族馆的建设，是周围居民闲暇时间除了购物广场之外的又一个文化休闲娱乐的重要场所，也是父母带着孩子了解自然、认识世界的一个重要窗口。这种社区博物馆在中国还没有先例，在丰富居民文化生活和扩大视野上起到重要作用。

5. 专题特展

博物馆教育需要有广度，也需要有深度。英国博物馆藏品丰富，包含世界各地的文化艺术。由于藏品数量巨大，库房和展览橱窗内的陈列布局都极为紧凑，甚至略显拥挤。丰富的馆藏对公众的科普教育固然效果显著，但是深入系统的专题展览和研究同样显得非常必要。如大英博物馆举办的"明代文化展"，既有深度又有广度，很受民众的欢迎。然而，在英国筹备一个特展周期很长，需要花费几年的时间，因此英国的专题特展并不多见。中国的博物馆馆藏文物多数以中国本土文物为主，因此民众对中国本土传统文化的认知度很高，对外来文化的认知程度相对较低。随着国际交流日益频繁，中国的博物馆近些年引进一系列国外文化展览，受到群众的热烈欢迎，对扩大中国民众的视野无疑起到极大的推动作用。

6. ITP培训项目

本项目邀请诸多国家的博物馆从业人员及相关人员来到英国学习交流，不仅使学员们了解英

图三 ITP学员参观学习（一）

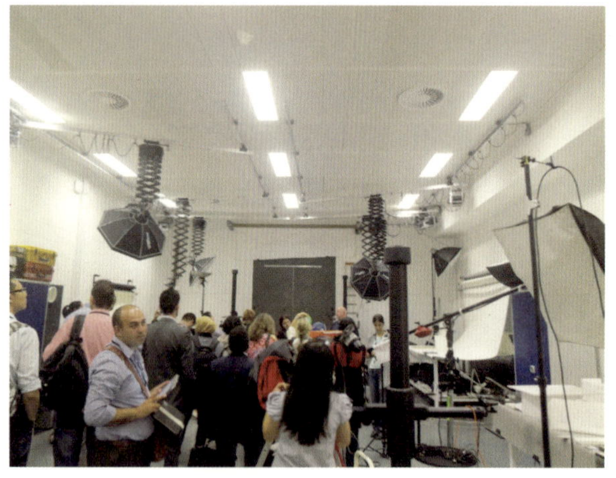

图四 ITP学员参观学习（二）

图五 ITP项目结业上做关于大英博物馆馆藏中国版画“门神”的微展览策划

国的博物馆行业发展，同时，来自不同国家的博物馆从业人员互相交流，了解来自不同国家的文化和博物馆概况，加强了世界各国博物馆行业间的交流。英国博物馆的ITP培训项目，为各国博物馆从业人员提供了学习交流的平台，非常有意义。（图三、图四）

7. 展厅解说

在参观大英博物馆过程中，展厅中随处可见的专家讲解给我留下深刻的印象。专家讲解配备的话筒和耳麦，讲解员可以用最小的声音，使每一位听众都能够清楚地听到讲解内容，同时也不影响其他观众参观。大英博物馆的语音导览内容非常具有针对性，不仅采用多国语言导览，同时每一种语言还根据听众对象的不同，详细地划分出成人版、家庭儿童版等不同版本，非常人性化。

通过ITP培训，使本人了解了英国的博物馆文化，同时，掌握了英国博物馆承办展览的步骤和程序。在ITP培训结业时，本人独立完成了以大英博物馆藏版画“门神”为主题的微展览策划。（图五）为了筹备“门神”展览的策划，本人翻译了大量的相关资料，撰写了展览前言、展品说明牌及相关文化背景的展示说明。同时，为展览设计了宣传海报、展陈布局及展览相关商品。为了使外国观众能够更直观的了解中国文化，本人努力将说明展板做得图文并茂，一目了然。同时，设计了与观众的互动平台，拉近观众与文物及中国文化的距离，得到了中外博物馆同行的认可。

二、参与大英博物馆亚洲部业务工作

在为期四周的大英博物馆亚洲部业务工作中，本人协助主管中国书画的Mary女士对《女史箴图》的英文说明进行了中文翻译及校订工作。《女史箴图》在中国绘画史中具有非常重要的意义，长久以来，此图在大英博物馆只有英文解说。随着中国游客数量的不断增加，许多游客都慕名到大英博物馆想要一睹《女史箴图》的风采。因此，《女史箴图》的中文解说势在必行。在翻译过程中，本人与Mary协商，尽力将《女史箴图》较为精准的中英文解说呈现给观众，使中外游客可以较全面和准确地了解《女史箴图》及中国古代文化思想和艺术。（图六）

《女史箴图》是中国人物画史上最早的卷轴画。为了较准确的翻译并且阐释此图卷的意义，本人翻阅了大量的相关资料。现存顾恺之（约345—406）画作的历代摹本为数不少，大英博物馆藏《女史箴图》被学界公认为最能体现顾氏画风的画作。《女史箴图》在清代时一直珍藏在北京圆明园。八国联军攻打北京时，一位名叫约翰的大尉得到这张画，并于1903年以25英镑的价格出售给大英博物馆。

《女史箴图》是根据《女史箴》文的内容所绘制。图卷长348.2厘米，高24.8厘米，绢本设色。画面内容共分九段，同时包含引首、题跋和各朝代印章等多种不同的信息。图中录有《女史箴》文八十行，内容主要是论述了中国古代女子所应该遵守的封建论理道德和节操，是对皇后、嫔妃行为的规范与劝诫。画家依据箴文内容，进行了插图性质的创作，将文字转化成易于理解的图像，更加直观的体现了箴文的思想，起到教化的作用。此图卷末尾署款为“顾恺之”。经学者研究，大英博物馆藏《女史箴图》应为唐人摹本，卷尾的“顾恺之”三字系后添款。清代乾隆皇帝对此图极为推崇，将其重新装裱。为了更好地保护《女史箴图》卷，大英博物馆于1914年对此卷再次进行了装裱，形成了目前的装裱形制。

画面分别描绘了“冯婕妤挡熊”“班婕妤辞辇”“崇犹尘积”“知饰其性”“出其言善”“灵鉴无象”“欢不可以渎”“静恭自思”“女史司箴”九段画面。图中运用游丝描，以中锋用笔，笔墨细而劲，如春蚕吐丝，紧劲连绵，匀净而又富有韵律。人物神态传神，设色雅丽，具有极高的审美价值。此图的

图六 大英博物馆藏《女史箴图》

前三段已佚。故宫博物院藏有《女史箴图》的宋代摹本，此摹本中包含前三段的内容。学术界普遍认为，故宫博物院藏本的前三段，为画家凭想象创作而成，剩下的九段则临自大英博物馆藏本。根据宋本《女史箴图》可知，大英博物馆藏本缺失的前三段内容为“妇德尚柔”“樊姬感庄”“卫女矫桓”。

除了主体画面部分，《女史箴图》亦包括织锦包首、宋代缂丝包首、引首、印章、兰花图、瘦金书、乾隆题跋、邹一桂画作等几个组成部分。此图卷在乾隆朝重新装裱时（1746），在外面增加了保护性的织锦包首。这是一块18世纪的织锦，锦上织有几何形花纹图案。乾隆用同样的织锦包裹另外三件他喜爱的《潇湘图》《蜀江图》和《九歌图》画作。这些画作被称为“四美”，存放于皇宫中的静怡轩。此外，乾隆皇帝将图卷的宋代缂丝包首装裱于画卷之内保存起来。展开手卷，首先映入眼帘的就是这块宋代（12—13世纪）缂丝（纬编织物）。缂丝上的图案是一枝巨大的牡丹花在绣球等繁花的衬托下摇曳生姿。这块宋代缂丝曾经是用来保护画卷的。由于宋代缂丝的精美和年代久远，乾隆皇帝于1746年重新装裱时，将它装裱在画卷内，起到保护的作用。画卷的引首是乾隆皇帝为本图题“彤管芳”三个字，而不是被世人所熟知的“女史箴图”。“彤管”是授予一位女性权利的象征。这位女性被指派去劝诫其他女性恪守规范。这里“管”字指的是毛笔。兰花图的绘制表明了乾隆皇帝对此图的特殊关注。兰花象征纯洁和隐逸之美，同时还有其双重含义，即皇帝希望宫中女子能如同图画中描绘的一样，成为纯洁和有教养的美人。瘦金书部分摘录了箴文的内容，目前被认为由金章宗(执政期：1190—1208年)书写。该段文字原本并非此图卷题跋，大约到17世纪才与《女史箴图》同裱一卷。这是后来的藏家为了增强《女史箴图》与早期皇宫的联系而特意为之。接下来是乾隆皇帝书于1746年的题跋。这段很长的评语论述了顾恺之作为人物画家的才能。同时，乾隆皇帝高度评价了《女史箴图》，认为：“……所藏名卷有四，以此为第一。”阐明了乾隆皇帝对此图宝爱有加。乾隆皇帝对《女史箴图》极其钟爱，还体现在他指派画家邹一桂为此图卷专门绘制了一幅纸本水墨画，然后将其与《女史箴图》同裱于一卷。

鉴于《女史箴图》在中国绘画史上特殊的历史地位，其保护措施无疑成为人们关注的焦点。19世纪末至20世纪初，日本的装裱技艺流行于欧美。目前，欧美各大博物馆还保存大量日本裱的中国卷轴画。《女史箴图》卷亦没有逃脱这一命运。大英博物馆的日本装裱师将其裁成三段，并装裱在木板上。由于绢本作品的伸缩率跟木板不同，一百年的热胀冷缩使绢本几乎成了碎末。因此，如何保护修复《女史箴图》，成为摆在人们眼前迫在眉睫的课题。自从进入大英博物馆之后，《女史箴图》便与敦煌文物一同存放于库房之内，公开展出的次数屈指可数，展出地点就在“墨香堂”展厅墙壁上的玻璃橱柜里。2009年大英博物馆建造新的文物保护中心大楼，为了保护《女史箴图》免受改扩建项目的不良影响，大英博物馆将其从库房转移至平山郁夫东方书画装裱室存放五年。大英博物馆的东方书画装裱室原本设在光线昏暗的半地下室，这里堪称是大英博物馆东方书画的医院。由平山郁夫捐资50万英镑建造的平山郁夫东方书画装裱室，于1994年9月28日正式搬迁至新址，为大英博物馆东方书画藏品的保护起到极为重要的作用。

2013年7月，世界各地的文物修复专家来到大英博物馆，针对《女史箴图》的保护问题进行了全方位的讨论。专家们一致认为《女史箴图》不适合重新装裱，应该进行保护性的修缮。2014年4月初至6月3日，由装裱专家邱锦仙老师带领的大英博物馆书画修复团队对《女史箴图》进行了为期两个月的修复，使原本疲破不堪、脱浆严重的《女史箴图》重新焕发了光彩。

原供职于上海博物馆书画装裱室的邱锦仙老师，于1988年进入大英博物馆。邱老师在日常工作中不断探索研究，对东西方修复装裱材料和方法取长补短、综合运用、不断创新，积累了丰富的经验。在修复《女史箴图》的过程中，邱老师所使用的浆糊就是将西方的化学浆糊与东方的淀粉浆糊综合运用，在大英博物馆文物保护中心的严格检测之下，认定浆糊成分的安全可靠性。经过两个月的辛勤努力，《女史箴图》最终取得了良好的修复效果，得到各方面专家的认可。除了对《女史箴图》卷的修复之外，邱锦仙老师亦致力于对大英博物馆藏敦煌文物的修复保护。修复一新的《女史箴图》被安放在恒温恒湿的展柜之中，每年公开展出一个月，其余时间在展柜中避光保存。存放《女史箴图》的专柜是由旅美华侨王先生捐资十万英镑从德国特别订购的展柜，摆放在大英博物馆“墨香堂”中国书画展厅的中央。

除了《女史箴图》的翻译校对工作，本人还协助大英博物馆亚洲部，对数据库里的中国藏品信息进行校订及翻译工作。翻译校订画家生平约一百七十条。此外，本人有幸观摩了丰富的大英博物馆馆藏中国书画。其中，敦煌绘画给本人留下深刻印象。

感谢上海博物馆、大英博物馆及英国政府给我提供这样一个难得的学习交流的机会，本次参加上海博物馆与大英博物馆交流项目，对本人今后的工作必将有促进的作用。

“博物馆的今天，从收藏到行销”

2015年8月赴坦桑尼亚培训考察　吴喆姝

图一　阿鲁沙恩格鲁恩格鲁火山口露营地的当地“马塞”族人

图二 阿鲁沙国家森林公园的野生动物

图三 位于阿鲁沙市的国家历史博物馆

2015年8月31日至9月9日，我有幸参加了ICOM-ITC在非洲坦桑尼亚的阿鲁沙市举办的特别培训班。

出行前，得到上博和博协的帮助，紧张而有序地办理了外事手续。虽然路途遥远，但对于从未到过非洲的我而言，这次培训有着巨大的吸引力。培训期间，适宜的气候、友好的气氛一路相伴。ITC的课程设置丰富有趣，不仅有专业讲座和互动交流，还有两天的野外露营，和野生动物面对面。（图一、图二）

非洲，是片神秘而古老的土地，孕育了人类的远祖以及多样的人文。博物馆承担了展览陈列、保护研究的专业功能，以及教育、分享、提升大众文化层次的社会责任，又要展示出如此丰富的文化多样性，吸引更多的人走近并且走进博物馆，这就是我参加此次培训课程的主题：Museums Today, from collecting to marketing（“博物馆的今天，从收藏到行销”）。（图三）

一、课程

1. ICOM、CMA和ICOM-ITC

ICOM：国际博物馆协会（简称“国际博协”），英文名为The International Council of Museums。1946年11月在法国成立。为增进博物馆学以及与博物馆管理和运转有关的其他学科的利益而建立的、博物馆及博物馆专业工作人员的、国际性的非政府组织。（简称“国际博协”）博物馆协会由国家和国际委员会以及附属组织和地区性组织中合作共事的会员组成。2010年11—12月，召开了以“博物馆致力于社会和谐”为主题的“第22届大会暨第25次全体会议”。

图四 国家历史博物馆展厅一角

图五 结业仪式后的聚餐

CMA：中国博物馆协会（简称“中国博协”），英文译名为：CHINESE MUSEUMS ASSOCIATION，译名缩写为：CMA 。1983年，经文化部和外交部批准，中国博物馆学会正式宣布加入国际博协，并于同年成立了国际博协中国国家委员会。此后，中国博物馆界与协会的关系日益加强，2010年更名为“中国博物馆协会”。

ICOM-ITC：2013年7月，故宫博物院与国际博物馆协会、国际博协中国国家委员会（中国博协）合作建立了“国际博物馆协会国际博物馆培训中心（ICOM-ITC）”。设在故宫博物院，为国际博协唯一博物馆专业培训机构。它依托国际博协优秀的专家资源，提供高质量的国际培训课程，推动博物馆领域的国际交流与合作，研究世界不同地区博物馆建设的理论与实践，提高博物馆的专业化水平。每年春、秋两季，在故宫博物院开班。

2. 本次培训课程的安排

时间是2015年8月31日至9月9日为期十天，成员有四名中国学员和各大洲的学员代表25人，以及国际博协主席（副主席）、职员和故宫博物馆ITC工作人员。课程形式由专家讲课、分组讨论、各组发表、师生问答。地点是在非洲东部的坦桑尼亚联合共和国北方城市阿鲁沙市。培训班考察了国家自然历史博物馆（NNHM）、独立宣言博物馆（ADM）、奥杜威人类遗迹博物馆。（图四）

每天的日程排得很紧凑。阿鲁沙当地博物馆，在有限的条件下为我们提供了教学环境和食宿。全英文授课，锻炼了我的思维和口语。国际博协主席汉斯教授和来自世界各地的博物馆界专家，向我们介绍了各国博物馆的各种类型、发展现状。（图五）

诸如：

坦桑尼亚的历史——原住民、奴隶贩卖、殖民、独立；

全球博物馆发展——ICOM的建立、艺术与人文、生态和遗址、历史与网络；

文化的遗存——从私人到大众、现代博物馆的形式、非洲博物馆的形态；

可持续的藏品管理——保护、有限条件下的可行性方案；

藏品阅读——材质、年代、用途、展示、主题、意义；

博物馆的展览——藏品、立意、形式、观众；

巴西博物馆的行销——5P原则的体现（people，place，promotion，price，product）。

二、收获

课堂上，老师更注重于引导和启发，学员们有更多的机会分享彼此的所知所学。还能以团队形式演示调查成果，接受师生提问。比如，针对独立宣言博物馆，通过学习讨论在展示历史场景时，如何吸引观众？我们给出的答案是换位思考，从博物馆给参观者看什么的观念转变为从参观者立场出发，创新思路，让博物馆常办常新，吸引不同的观众层。（图六）又比如，国家自然历史博物馆，这是一家以一战时德军司令官府邸为馆舍，以历史图片和动植物标本为主要陈列的博物馆。从市场化角度，我们提出几个问题和建议，博物馆总馆长和我们一起开展讨论。

图六 学习材料

再有，在藏品阅读课程上（Reading Artifacts by Mr. Claude Faubert），分组讨论一件未知的文物，探讨用途、材质、年代，如何展示和宣传，绘制示意图，阐述我们的主题。（图七）

图七 “藏品阅读”课程上的学员汇报

还有，在博物馆行销课上，自然历史博物馆的馆长Mrs. Felista Mangalu和我们一起学习，探讨可行的方法，让更多人走进这家博物馆。我的建议是：其一，增加网络宣传力度和观众参与度，举办虚实结合的活动，例如“我在阿鲁沙·我在博物馆”的观众摄影作品展，利用网络空间和博物馆，展示观众在该馆参与

图八 博物馆文创产品

图九 结业仪式上作为学员代表发言

制作动物标本、绘制油画、学习非洲打手鼓的照片和文字，增加观众的参与度和推广度。其二，建议在宣传册上绘制简易的城市地图，把博物馆和当地著名景点、邮局、银行等连接起来。联合当地其他六家博物馆，在阿鲁沙市的机场、景点内增设宣传册的投放点，方便并吸引旅游或商务人士前来。（图八）

多样的教学方式让我们的课程生动有趣，与实践相结合的知识点，易于理解和记忆。来自不同国家和地区的学员在宽松而富有乐趣的教学中交流，让我有机会了解不同类型的博物馆，在市场行销方面的优秀、成功案例。在结业仪式上，国际博协副主席克劳德教授推荐我作为学员代表发言。（图九）博物馆学涵盖的内容太丰富，通过这次国际培训，也让我认识到自身的不足，其一是对于古人类学、动植物的了解还很欠缺。其二是对非洲国家了解不够，存在认知上的偏差。有待加强学习，要了解不要误解。

三、非洲——坦桑尼亚——阿鲁沙

这是一个位于东非乞力马扎罗山脚下的城市。

坦桑尼亚，全称：坦桑尼亚联合共和国（The United Republic of Tanzania）。位于非洲东部、赤道以南。英联邦成员国之一。北与肯尼亚和乌干达交界，南与赞比亚、马拉维、莫桑比克接壤，西与卢旺达、布隆迪和刚果(金)为邻，东临印度洋。国土面积945,087平方公里，截至2013年，全国总人口4490万人。是联合国宣布的世界最不发达国家之一。经济以农业为主，粮食基本自给。工业生产技术低下，日常消费品需进口。1967年实行国有化和计划经济，以建设集体农庄为中心，开展严重脱离国情的“乌贾马”社会主义运动，致使经济发展严重滞后。1986年起接受国际货币基金组织（IMF）和世界银行的调改方案，连续三次实行“三年经济恢复计划”。（图一〇）

阿鲁沙是坦桑尼亚北部城市，曾是东非共同体总部所在地，因1967年在此发表颇有影响的《阿鲁沙宣言》而驰名。地处乞力马扎罗山脚下，有著名的恩戈罗恩戈卢自然保护区和奥杜威峡谷，这里经过古人类学家，比如利基夫妇近五十年的探索，发现了大量古人类遗迹，诸如火山灰里保存的古人类脚印化石、人的头骨、大型动物的骨骼、简单的石制工具等。这里只有雨季和旱季两个季节，雨季时每天下雨，蚊蝇肆虐，气温最高可达45摄氏度。旱季也就是冬季，半年不下一滴雨，土地干裂、草木枯黄，行走在路上，汽车经过的扬尘让你觉得身处在戈壁滩。这里早晚温差大，在埃塞俄比亚转机大厅里，既能看到穿吊带背心的俄罗斯姑娘，也能看到裹着裘皮大衣的非洲土豪。因为城市供电不足，上课时、洗澡时、乘电梯时，一天里会断电好几回。其母语是斯瓦希里语，官方语言是英语。信奉伊斯兰教、基督教和天主教。手工艺品有草编、木雕、骨雕，以动物和非洲舞为题材的丙烯颜料绘画，弦乐和手鼓也是当地特色。从史料看，非洲人民历经阿拉伯人的奴隶贩卖，一战、二战的殖民统治。他们在恶劣的气候环境下坚韧、自强地生活和发展。中国对非洲人民的援助，帮助他们建设现代化家园，收获了中非友谊。（图一一、图一二）

感谢上博的推荐，ICOM-ITC带领我接触到遥远非洲的古老文明，见识到美丽的艺术品，野生动、植物与人类的和谐共存。我在结业典礼的发言里说：如此多样而精彩的历史和文明，博物馆有必要对其进行系统的收藏、展陈、研究、教育，这是我们博物馆人一生的研究课题。（图一三）

图一〇 参观博物馆的学生

图一一 恩格鲁恩格鲁保护区内奥杜威峡谷中的遗迹

图一二 恩格鲁恩格鲁保护区

图一三 开学时的合影

管窥美国策展趋势与博物馆运营模式

2015年赴美国交流考察　龚辛

在2015年9月至12月的上海博物馆与美国马萨诸塞州斯特林·克拉克美术馆（全称The Sterling & Francine Clark Art Institute，以下简称“克拉克美术馆”）的馆际交流项目中，笔者以克拉克美术馆为大本营，近距离考察了该馆的管理结构，同时参观了威廉姆斯敦、华盛顿特区、纽约、大西北地区的若干临时展览及常设展览。本文旨在结合美国博物馆运营机制，对笔者所见展览策展趋势进行总结，并浅析美国博物馆采取这些展览策略的原因。（图一）

图一　克拉克美术馆外景

一、策展模式一：围绕

这是一种围绕某件或几件中心展品展开的策展模式。

1. 案例一：“惠斯勒的母亲：灰、黑、白”，克拉克美术馆（图二）

图二　克拉克美术馆临展“惠斯勒的母亲：灰、黑、白”外景

这个展览以美国画家惠斯勒最富盛名的作品《惠斯勒的母亲》（原名《灰与黑的编曲，1号》）为中心，介绍此画的创作背景，并诠释了此画中的各个元素如何体现惠斯勒的生平与创作风格的关系。展览的最后以历史上的媒体资料解释了这幅作品是如何成为画家的知名代表作的。

从展厅的空间设计上就凸显了

图三 核心展品《惠斯勒的母亲》

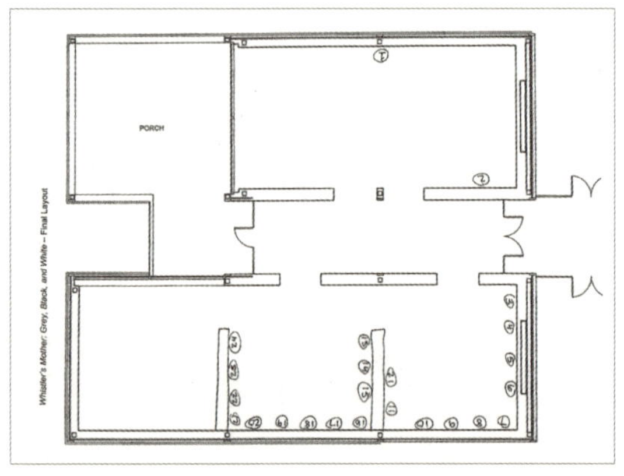

图四 “惠斯勒的母亲：灰、黑、白”设计平面图

图五 弗利尔·赛克勒美术馆临展“孔雀厅新释”宣传图

《惠斯勒的母亲》在展览中的核心地位。（图三）展览分为四个部分。第一部分只有《惠斯勒的母亲》一幅作品，但这个部分占据了全展厅近一半的面积。设计师以空旷的空间从形式上强调了展览的中心展品。（图四）

这个空间的一堵墙上有辅助文字介绍了画家的生平、他与母亲的感情，以及这幅肖像由画家私人财产成为博物馆藏品的过程，可看作是展览的内容提要。另一堵墙上是惠斯勒作的一幅蚀刻版画《黑狮码头》（Black Lion Wharf）。从说明牌中可知这幅画被放置在这个空间的原因——它就是《惠斯勒的母亲》背景中悬挂的那幅画。

展厅的另一半空间基本均分为三块，用于展示剩下的三个部分。第二部分紧接《黑狮码头》，呈现了更多1860—1870年代间惠斯勒在伦敦创作的大量以泰晤士河景、夜景为主题的作品，从而揭示了惠斯勒的创作风格是如何形成的。

第三部分则与《惠斯勒的母亲》中的肖像呼应，展示了画家的其他肖像作品。

第四部分尤其有趣，其中的展品是《惠斯勒的母亲》在半个世纪以来的衍生产品，墙上大量的辅助信息解释了这幅作品如何籍由机缘巧合从画家所有作品中脱颖而出，成为代表美国艺术的图像学标志。

2. 案例二：“孔雀厅新释”，弗利尔·赛克勒美术馆

“孔雀厅新释”是一个长达两年的大型系列临展，在展览场地和配套展品不变的情况下更换中心展品以陈述一个故事的不同视角。故事的主角是美国画家惠斯勒与他的英国赞助人弗雷德里克·雷兰。（图五）

2015年5月—2016年1月，展览名为“肮脏的金钱”，以当代艺术家戴仁·沃特斯顿（Darren Waterston）的一件装置艺术为中心，阐述惠斯勒与其赞助人一家围绕孔雀厅（如今是弗利尔美

术馆的藏品）发生的恩怨情仇。

2016年1月—5月，展览更名为“遗落的乐章”，以雷兰为孔雀厅预定，但惠斯勒从未完成的一幅画为中心，诠释艺术家与赞助人之间的经济利益冲突。

2016年6月—2017年1月，展览再次更名为“中国热”，以美术馆创始人弗利尔收藏的中国瓷器为主要展品，剖析了惠斯勒与雷兰所生活的19世纪中国瓷器风靡欧美的文化现象。

笔者参观时正值系列中第一个展览“肮脏的金钱”开放时期。展览分三个部分。第一部分介绍了画家惠斯勒与其主要赞助人弗雷德里克·雷兰一家的关系。展品是惠斯勒为这一家所作的肖像和雷兰家族房产的风景写生。这个部分的尾声呈现了两人因为雷兰的孔雀厅装修一事而关系恶化以后惠斯勒所作的讽刺、丑化雷兰的画像《拜金者：不义之财》及其草稿，辅以孔雀厅中反映此冲突的孔雀壁画草稿，仅以三件展品就诠释了两人关系的重大转变。

第二部分为当代艺术家戴仁·沃特斯顿以《拜金者：不义之财》为灵感创作的装置艺术“肮脏的金钱”。该作品等比例重新演绎弗利尔美术馆的孔雀厅，以破败的装潢和到处流淌的金漆揭示了一场百年前画家所代表的艺术之于赞助者代表的金钱之间的纠葛与冲突。无论观众是否看过弗利尔美术馆的孔雀厅，这个部分都吸引观众必然要去看一下、进行比较。

第三部分展示了戴仁·沃特斯顿创作这件大型装置艺术过程中所作的草图，以对孔雀厅局部的临摹和再创作等平面作品。（图六）

采用这种策展模式的优点主要有两个：一是只有一件或者少数几件是需要通过借展获得的展品，大大降低了展览成本。克拉克美术馆的“惠斯勒的母亲：黑灰白”除了《惠斯勒的母亲》是花费借展费从法国奥赛博物馆借展以外，其他的展品全部来自美术馆自己的藏品以及与其关系密切的科尔比大学艺术博物馆（The Colby College Museum of Art）。由于后者是克拉克美术馆的合作单位，就免去了借展费的开支。而弗利尔美术馆的“孔雀厅新释——肮脏的金钱”展览中也只有少数展品是向它馆借展的。另一个优点是只有一件或者一组中心展品，使得展览主题非常明

图六　“孔雀厅新释”展厅中揭示画家与赞助人关系恶化的三幅作品（左：惠斯勒《弗雷德里克·雷兰肖像》；中：惠斯勒《拜金者：不义之财》草稿；右：惠斯勒《拜金者：不义之财》）

确。无疑这种做法是以最小的代价获得最好效果的绝佳方案。

二、策展模式二：交织

这是一种在展示空间中让不同媒介或者不同时代的展品互相交织以达到让观众自主比较、关联的展览模式。最典型的例子是2015年夏纽约大都会博物馆举办的“中国：镜花水月”（China: Through the Looking Glass）时装展。该展览将近现代服装设计作品带进了中国古代艺术展厅，与瓷器、纺织品、雕像并置，以揭示这些作品中的中国元素。虽然这种做法在中国舆论圈就文物安全性与学术严肃性上掀起了轩然大波，但在美国随着当代艺术不断走进博物馆，这已是司空见惯之事，大都会的这个临展只是将这种做法推向了某种极端。事实上，正是这种策展策略使这个展览在全美赢得极高好评，火爆一时。

近年，这种将现代艺术藏品引进文物展厅的做法并不少见，且不仅存在于临展，也被广泛用于常设陈列。事实上，这种新陈交织的临展策展应该是从常设展而来的，笔者在华盛顿特区的国立非洲艺术博物馆常设展厅中就看到大量20世纪前藏品与当代非洲裔艺术家作品并置的做法。据笔者了解，明尼苏达州的明市美术馆也在六年间重新布置了常设展，在印第安、非洲的民俗藏品展厅中增加了相关民族艺术家创作的当代作品。这种陈设应该与美国各大博物馆开始重视当代艺术并开始将当代艺术纳入收藏有密切关系。

本次考察中笔者所见临展中也有多个采取这样的策略。其中两个案例在华盛顿特区纺织博物馆。（图七）当时两个正在展出的临展“晚清碎影：汤姆逊眼中的中国”（China: Through the Lens of John Thomason）和“苏联统治下的中亚地区绘画”（Old Patterns New Order: Socialist Realism in Central Asia）都采用了这种策展模式。前者实际上借来的展品是19世纪末20世纪初约翰·汤姆森在中国拍摄的老照片及其摄影器材。纺织博物馆根据照片的内容在自己固有藏品中选择了相关的清代末年的纺织物与服装来辅助诠释这些照片。后者的实际临展内容应该是苏联统治下的中亚地区绘画，但事实上这批画作本身质量并不高，如果单独成展将惨不忍睹。但是在纺织博物馆以自己的中亚服饰与织物藏品的烘托下，观众可以在展厅中看到

图七 华盛顿特区纺织博物馆。当时两个正在展出的临展之一“晚清碎影：汤姆逊眼中的中国”内景

画作里那些元素的实物，从而使这个展览变得更加有教育性、娱乐性的，且令人印象深刻。

华盛顿特区的非洲艺术博物馆不但在常设展中添加了当代艺术，它的两个临展“非洲艺术与美国黑人艺术的对话”和“S.A.阿隆酋长：尼日利亚贝宁皇室照片展”也采取了相同的策略。（图八）

这种陈列方式的最大优点在于能够让观众对展品及其背景文化有超越时间的更深入的认识，不但可以看到凝固的历史瞬间，也可以体会文化的延续性。

Luguru artist, Tanzania
High-backed stool
Early 20th century
Wood
80 x 38.1 x 37.5 cm (31 1/2 x 15 x 14 3/4 in.)
National Museum of African Art, Smithsonian Institution, gift of Robert and Nancy Nooter, 89-10-1

David C. Driskell
born 1931, United States
The Green Chair
From the Americana series
1978
Acrylic on canvas
101.5 x 61 cm (40 x 24 in.)
Collection of Camille O. and William

图八 华盛顿非洲艺术博物馆临展“非洲艺术与美国黑人艺术的对话”中文物与当代艺术的并置

三、策展模式三：旧壶新酒

这事实上包含很多种策展思路，但归结起来可以说是美国博物馆近几十年持续努力的结果，或许谈不上是近几年的创新，但却是它们在董事会制度下有效利用有限资金举办新颖临展的努力。在很多展品和主题曝光率已经很高的情况下，采取新的组织方式，讲述不一样的故事。

1. 案例一：“梵高与自然”，克拉克美术馆

梵高已经是一个在欧美国家出镜率太高的主题，但这次克拉克美术馆根据自身所处的地理优势，聚焦梵高所作的风景画与描绘自然的作品。很多作品或许有些出名，但更多的并未进入过大多数观众的视线，尤其是那些梵高画的动植物作品的小品。为了突出自然的主题，克拉克美术馆还配合展览组织了自然风光短程徒步及风景画绘画教程的活动。

2. 案例二：“德拉克洛瓦的影响：从塞尚到梵高的现代艺术兴起”，明市美术馆

无论是德拉克洛瓦还是受他影响崛起并在现代艺术中占得一席之地的诸位画家，他们的作品或以个展形式，或以“印象派”“后印象派”等群展的形式已经是家喻户晓。然而，揭示德拉克洛瓦与他同时代画家以及受他影响成长的后生们之间的互动关系则还未以展览形式出现过。这个展览组织得像一个受到德拉克洛瓦影响的现代画家们以作品向这位导师致敬的成果展。每个部分都以德拉克洛瓦的作品为引线，配合他的学生们的相同主题或者相同绘画技法理念的作品。最后一个部分不再有德拉克洛瓦的作品，而是学生们典型现代风格的作品，这就好像在宣告学生的结业一般。（图九）

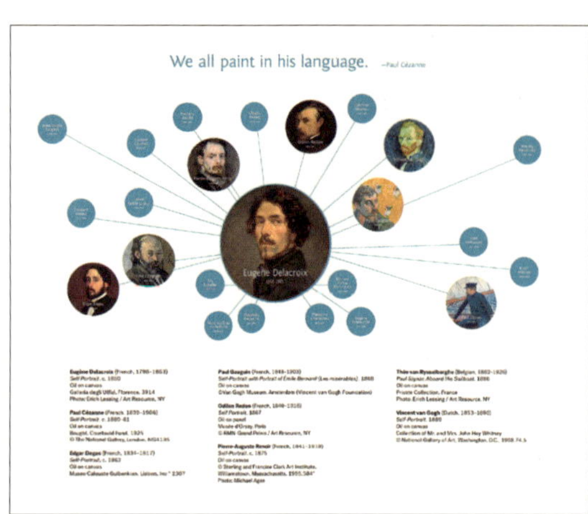

图九　明市美术馆“德拉克鲁瓦的影响：从塞尚到梵高的现代艺术兴起”宣传画

图一〇　纽约大都会临展“刚果：政权与王权”中以重复手法强调展览内容

3. 案例三：“刚果：政权与王权”（Kongo: Power and Majesty），纽约大都会博物馆

这个展览所有展品的器型都在大都会的非洲艺术展厅中可见，且都算不上是各个类型的精品，而稍微熟悉非洲刚果河流域艺术品的观众都早已熟悉这些器型。但这个展有趣的地方就在于，展览各个部分所挑选的展品都为同类作品，通过典型器形的数量堆砌不断重复，仿佛是在根据艾宾浩斯的遗忘曲线帮助观众加深对刚果河流域非洲酋长与欧洲殖民者的关系、部落上层人群、贵族女性、酋长的形象等几个知识点的记忆与认识。（图一〇）

总结

根据可循的案例，美国在20世纪上半叶到中叶仍然与我国目前一样，采用以时间为顺序或者材质为分类的临时展览，也习惯于在一个展览中集合各家名品。但是随着时间的推移和美国博物馆董事会制度的最终确立与实际应用，各大博物馆在财力物力上都受到了一定的控制，很难再举办这种汇聚名家名作的展览。但正是这些财务与管理造成的困境逼迫几代美国博物馆的策展人想方设法、推陈出新地设计出“性价比”更高的展览。在有限资金的限制下，博物馆的临时展览即要能吸引观众，又要保证质量。以一个或一组花费较为昂贵作品为核心，并辅以大量较为廉价的辅助展品的策略，即可以把钱花在刀刃上，展览又显得主题突出。在学术研究成果的基础上，以新颖的故事线串起常见的展品是另一种有效体现博物馆教育、娱乐功能的方式。

在当代艺术市场较为成熟的美国，把当代艺术纳入收藏已经成为美国博物馆不可逆转的趋势。在这种背景下，博物馆策展人员也在临展中充分利用了当代艺术来表达文化、历史的时间延续性，做出了众多引人深思的展览。

虽然中国博物馆与美国博物馆的体制存在根本性的差异，但是其以最小成本在研究、教育和公众效应方面获得最大效应的临展、策展思路还是值得我们思考与借鉴的。

美国克拉克美术馆运营管理案例研究

2015年9月赴美国培训考察　黄河

2015年9月15日—12月14日，我与展览部龚辛赴美国马萨诸塞州威廉姆斯敦，在克拉克美术馆进行了为期三个月的交流学习。该交流项目由中国国家文物局和美国克拉克美术馆合作开展，由Luce基金会提供资助。交流项目旨在通过参与克拉克美术馆日常工作、旁听由美术馆和威廉姆斯学院共同开设的艺术史研究生课程等形式，深入了解学习美国博物馆先进的运营管理模式。

在交流学习期间，我积极参与各项工作，在博物馆建设、文物保护、展览陈列、学术研究等方面，对克拉克美术馆的运营模式和发展沿革有了较为深入的理解与认识。

一、Lunder中心和Clark中心建设

克拉克美术馆最早的主体建筑于1955年对外开放，主要用于博物馆陈列。1973年，建造Manton中心，设有图书馆等公众服务功能。美术馆占地140英亩（相当于约五十七万平方米），拥有山林、牧场、池塘等多种地形地貌，具有广阔的面积和得天独厚的自然景观优势（图一）。为满足发展需求，于2001年启动了扩建工程，2008年、2014年依次建成了Lunder中心和Clark中心。Lunder中心依山而建，设有威廉姆斯敦文物保护修复中心及临时展厅；Clark中心与主建筑通过观众通道彼此相连，设有临时展厅、会议培训用房、礼品商店等功能区域。两个中心建成后，最得益的还是陈列展览，藏品的展出率达到60%，院藏精品的展出率更是达到了95%以上。

图一　克拉克美术馆平面图

Lunder中心和Clark中心建设工程的主设计师是日本著名建筑师安藤忠雄。根据克拉克美术馆的自身特色，他确定了“艺术与自然和谐统一”的设计理念，将建筑融入风景，在自然中感受四季更迭（图二）。

在建设过程中，需要新建一堵围墙。安藤原本想使用混凝土材料，但提案被院理事会否决，认为这会破坏建筑外观的整体和谐统一。因此在最终方案中，使用了与Manton中心同样的、出自同一采石场的红色花岗岩石材。

建设工作也充分考虑了克拉克美术馆的运营管理需求。在车道出入口，安装了电子升降平台，保证了文物运输装卸的安全性和便利性。（图三）在临时展厅内，设计了一面隐蔽的假墙，一墙之隔便是工作间，缩短了展览区域与工作区域间的距离。

在Clark中心外，安藤设计了一个两层小瀑布的人工水池（图四）。这个水池根据绿色博物馆和可持续利用的理念建造，具有景观设置、过滤饮用、雨水收集、卫生盥洗、牧场灌溉、温度

图二 自然景观的秋冬变换

图三 文物运输升降平台

图四 复合功能水池

调控等综合性功能，另外还包含了东方设计师对“风水”的考量。克拉克美术馆建设工程中的这些细节，无一不根据博物馆的特色与需求量身定做，对上博东馆建设都是很好的借鉴。

二、Manton研究中心改建

Manton研究中心于2006年关闭改建，其目的是提升中心的功能，从较为单一的图书馆开放服务，拓展提升为公众服务与教育研究的合二为一。改建工作计划对Manton中心的内部进行改造，优化图书馆区域的结构，并新增一个教学展厅，拟针对玻璃工艺开展现场教学。该教学展厅还在策划中，在交流期间，我与克拉克美术馆展览部和陈列设计部的工作人员就适合于展厅玻璃文物的照明方式和展柜设计进行了讨论（图五）。

Manton研究中心的改建工期预计为2006年—2015年。但工作实施后，发现中心内部管道维修与更换的难度大大超过预期，严重影响了施工的进度。这些经验教训，对上博本馆的大修工作也有一定的参考价值。

图五 展柜设计讨论

三、文物保护工作

作为上博文物保护科技中心的研究人员，我对克拉克美术馆的预防性保护工作进行了深入学习交流。在美术馆最为重要、面积最大的展厅中，展示了印象派大师雷诺阿的油画和著名雕塑家罗丹的雕像等重要藏品。展厅采取了自然光与人工光相结合的照明方式，顶部安装了玻璃顶棚，在玻璃上贴防护膜过滤了对文物有较大伤害的紫外光线。顶板的角度也可以调节，在日照较为强烈时可以控制进入到展厅的自然光强度。展厅内部用LED光源进行补光，与自然光共同营造了明亮、舒适的展厅光环境，满足了文物展示的高还原度要求。（图六）在欧美国家的油画展示中，自然光与人工光相结合已经成为当

图六 展厅照明方式

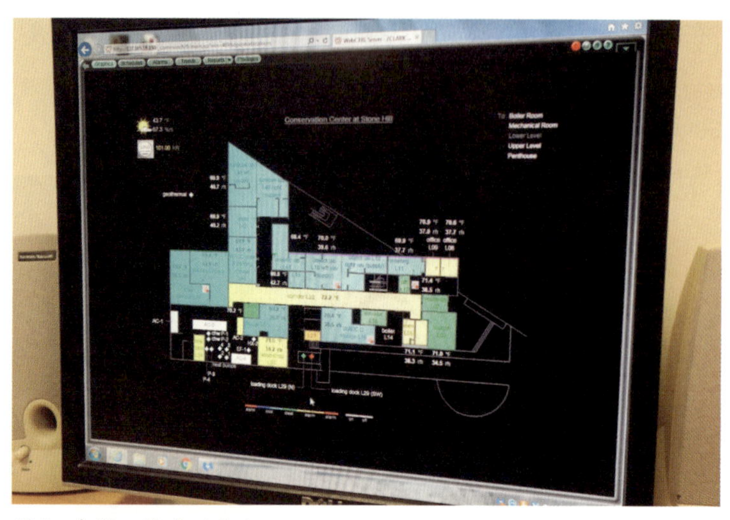

图七 在线环境监测系统

代较为主流的照明方式，LED照明也已开始逐渐替代传统的卤素灯照明。在与美术馆照明设计研究人员的交流中，我们达成了共识：LED是未来博物馆照明的大势所趋。与卤素灯相较，LED技术具有发热量低、环保、节能等显著优势。近年来，LED在优化色温、显色指数等照明技术参数和使用全光谱调光系统上取得了飞速发展。从文物保护的角度出发，鉴于LED的光谱特性，该技术对各种材质文物的潜在损伤尚待更加科学系统的评估研究。综上所述，在上博东馆建设中，建议在合适的区域使用LED照明进行应用尝试。

在Lunder中心和Clark中心的建设工程中，克拉克美术馆提升了整体的环境监控能力，为所有建筑配备了恒温恒湿空调系统，并布设了在线环境监测设备（图七）。该监测系统可以24小时连续监测美术馆各个区域的温度和相对湿度，并设置了报警阈值，以便在环境超标的情况下进行应急处理。这些设备都是在建设工程中同步布线实施的，未来的东馆建设肯定会采用类似的环境监测系统，而且温湿度监测只是基本要求，还会使用到针对光照、污染物等环境因素的监测技术，也应在建设工程中提前介入。

图八 暂时停摆的科学检测分析工作

威廉姆斯敦文物保护修复中心位于Lunder中心，是美国东北部最大的文物保护修复单位，服务于包括克拉克美术馆在内的55家文博机构，并接受私人收藏家的修复请求。该中心在管理上采用会员制，美术馆等拥有较高等级的会员在进行文物保护修复时将得到时间与经费上的优先条件。修复中心的工作领域包括纸张保护、油画修复、器物修复、科学检测分析等。在我交流期间，仅有的一位检测分析工作人员刚刚离职，岗位暂时空缺，这方面的研究工作也已停摆了两个月，X射线检测室暂停使用，门口还放置了一件大型文物，让人不胜唏嘘（图八）。保护、修复与检测，传统修复技艺与先进科学技术，应是一个有机的整体。科技是文物保护修复工作强有力的支撑，实在不该被如此轻视。

四、展览陈列工作

在我赴克拉克美术馆交流学习前两天，“Van Gogh and Nature”临时展览刚刚结束，我参与了撤展工作，学习了专业化的撤展流程与技术。该展览为期三个月，在常住人口仅7000人的威廉姆斯敦内，吸引了17万的观众，创下了美术馆的最高参观记录，取得了前所未有的成功，美术馆办展理念与模式的吸引力和活力可见一斑。

“Whistler's Mother”是美术馆举办的一个小型主题展。美国画家惠斯勒（1834－1903）生于马萨诸塞州洛厄尔，成名于法国，取材于母亲的肖像画“Whistler's Mother”是他的代表作，现藏于法国奥赛博物馆。在美国经济大萧条时期，这幅作品漂洋过海回到美国进行了巡回展出，获得了极高关注度，提振了当时美国人民的精神状态。克拉克美术馆再次把这幅名作请回麻省，精心设计了三个板块：其一是以“Whistler's Mother”为中心，阐释了画作“黑、白、灰”的色彩选择与手法技艺；其二是选择了一系列小型素描与手稿，反映惠斯勒在定居法国、移居伦敦、浸染西班牙画风、钟情日本美术等不同时期的绘画特色与精神世界；其三是以惠斯勒的名言警句为背景墙，再现了20世纪美国巡回展时期的盛况，包括海报、报道、衍生产品等，探究了画作深远及今的时代意义。在展览的出口处，还放置了一块供拍照留念的画板，增强了展览的互动性（图九）。总的来说，“Whistler's Mother”是一个精心策划、深度挖掘的主题展，对于上博东馆主题展览的策展思路有较强的借鉴作用。

图九　“Whistler's Mother”主题展

学习交流期间，克拉克美术馆还举办了“An Eye for Excellence”精品展，展出了1995—2015年这二十年间美术馆的精品收藏。展览入口处的展墙上，以1995年为分界线，展示了美术馆前四十年和近二十年入藏的重要文物（图一〇），藏品的数量增加与类别拓展一目了然。另一面展墙上，向观众介

图一〇　“An Eye for Excellence”精品展

绍了美术馆藏品征集的模式，理事会成员、院领导及策展人都有挑选藏品的决策权。在常设展览中，也有一些巧妙的小设计，即在说明牌的下方增加了一块小黑牌，注明该藏品是在近二十年内入藏的。这样的设计，在不打破常设展览格局、不挪动一件藏品的情况下，仍能建立起精品展与常展间明晰的关联。我将“An Eye for Excellence”定义为一场“抖家底”的展览，它抖的不仅是藏品的日益丰富完整，更是克拉克美术馆自身的发展演进。

五、学术研究工作

克拉克美术馆组建了名为RAP（Research Academic Program）的专业团队，打破了部门间的隔阂开展合作，将学术研究工作融入到美术馆的日常运营管理中。美术馆的受众群体主要分为三类：学生、老人、学者。威廉姆斯学院是镇上除克拉克美术馆外的另一个重点机构，是美国知名的文科类院校，设有艺术史研究生课程。一直以来，两家单位都有着紧密的合作伙伴关系，互享图书馆资源，学院艺术史课程的授课老师多出自美术馆，上课地点也就地设在美术馆内。这些学生学成毕业后，有一些便留在美术馆工作，形成了相互促进的良性循环。

威廉姆斯敦处于美国东北部富人区，老龄化现象较为突出。美术馆推出会员制度，只要交少量的年费，便能参加RAP组织的丰富多彩的活动。几乎每一天，展厅内都会举行针对学生、老人等不同受众的专题讲解。每隔两周的星期二，都会举办免费的专题讲座，主讲人员为美术馆研究人员或访问学者，深受美术馆职工和威廉姆斯学院学生的热捧。RAP每年还会组织三至四次的小型学术论坛，每两年还会在本地或异国举办一次大型国际会议。在交流学习的第一个周末，我便赶上了一个以当代艺术为主题的小型国际论坛（图一一），对我来说虽属跨界，但也是一场受用的头脑风暴。完善的组织架构，热情的专业团队，前瞻的活动计划，精到的运作能力，使克拉克美术馆的学术研究工作充满了活力。

图一一 当代艺术论坛

三个月的交流学习时间，使我有机会真正地融入到克拉克美术馆中，通过这方方面面的运营管理案例，去体会，去思考，去领悟一个问题：什么是好的博物馆？这个问题必然没有标准答案，但我想，对观众来说，在参观时饶有兴味、离去时有所收获、归家时流连忘返，能做到这些的便一定是好的。在我眼中，克拉克美术馆无疑是成功的。借用上博的办馆理念来概括的话，克拉克美术馆的“守正”，在于其坚守资源为王的道理，充分发挥法国印象派绘画、英国写生画、美国本土艺术家、现代装饰艺术等藏品的独有魅力，倚靠140英亩奢侈自然风光的地利之势，更重要的是充分利用了研究人员与专业团队的作用；“开新”，在于其根据发展需求有计划地实施了博物馆建设，将藏品领域拓展到当代艺术，将合作触角延伸到中国、到世界上来；“协同”，在于其与威廉姆斯学院、威廉姆斯敦文物保护修复中心的紧密联系，资源共享，共谋发展；“引领”，在于其对陈列展览和学术研究工作品牌的打造和孜孜不倦的追求。这些经验，对上博的东馆建设和未来发展都是不可多得的宝贵财富。

德国博物馆教育的理念与实践

2015年10月赴德国培训考察　顾婧

MEEP（Museum Expert Exchange Program）是中德两国博物馆从业人员交流计划，自2014年至2016年，每年春天德国同行前往中国北京、广州、上海，秋天中国同行前往德国柏林、德累斯顿、慕尼黑，每次交流为期三周。2015年10月12日至11月2日，我馆梁薇、张莉娟、顾婧参加了第二年的MEEP交流，是年主题为“博物馆展览与教育”（前一年主题为“文物保护与科技”，后一年为“博物馆财务与管理”）。我们与中国国家博物馆、中国美术馆、广东美术馆的同仁一起参观了三十家博物馆和艺术机构，并和德国三地博物馆的策展人、教育部、媒体部（公关部）、市场部、数字化部门等工作人员展开了超过十场面对面的深度讨论。

一、引子：释名及组织架构

近几十年来，伴随着博物馆社会功能的转变，博物馆教育的概念和外延也产生了一定的变化，这一改变也反映在组织机构的定名中。在我国，大多数博物馆的教育职能部门从群工部改为社教部，又改为教育部，或是教育与传播部。在德国，博物馆界用Bildung和Vermittlung两个词来统称博物馆教育工作：Bildung即Education，指普遍意义上的社会教育，而非学校学科体系教育，Vermittlung即Mediation，直译是“中介”，具体说来指一切沟通观众与博物馆，在社会与博物馆之间架设桥梁的中介活动。（图一）

图一　柏林国家博物馆的教育宣传册，使用教育（Bildung）和中介（Vermittlung）两个词，红色的是孩童和家庭活动，蓝色的是成人活动。

基于这样一种博物馆教育理念，即将之视为社会教育和中介活动，德国博物馆教育部往往在整个博物馆体系里隶属于公共事务大部，与观众服务部、媒体部、市场和大型活动部并行，其中教育、观众服务、媒体为非盈利部门，市场和大型活动为盈利部门。

人员构成上，德国博物馆教育部由小部分正式员工和大量自由职业者构成，其比例约为1:10：以柏林国家博物馆教育部为例，共有25名正式员工，其中12位为教育策展人，负责总馆下属19座博物馆的教育活动，余者为行政或项目专员等；与之相对应，有260位自由职业者负责展厅导览和艺术活动执行（详见表一）。

表一 柏林国家博物馆总馆教育部人员构成

职务	人数	工作任务
主管	1	
教育策展人	12	10人负责19个馆的教育活动；1人负责媒体；1人为负责协调的副主管
行政	7.5	负责预约（导览、工作坊）、儿童教育、数据、活动单页印制
项目专员	2	负责旅游项目、大客户、艺术家工作室
秘书	1	
实习生及志愿者	2	
自由职业者	≥ 260	导览员、艺术活动执行

注：除自由职业者之外的人员按照每周工作40小时计算人力资源。

德累斯顿、慕尼黑的情况也差不多，德累斯顿国家博物馆总馆教育部共有正式员工15人、培训生五人、自由职业者120人。可见，德国博物馆的教育工作依赖大量自由职业者，他们和正式员工的比例高达10:1，自由职业者承担讲解、导览、艺术活动执行等工作，通常来说拥有艺术史、艺术专业的硕士研究生以上学历。正式员工和自由职业者之间拥有良好的互动关系，甚至其角色也会互为转换，如现任慕尼黑国家总馆的公共服务和教育部主任Jochen Meister曾经就是一名承担博物馆艺术导览工作的自由职业者。自由职业者通过预约系统接收任务委派，所提供服务收取相应报酬，报酬由博物馆支付，往往比公众支付得要高，这是因为大多数博物馆教育活动属于非盈利项目，受政府或第三方资助。教育部工作人员不定期会对自由职业的导览员进行抽查并打分，打分项目包括软技能：如声音语调、肢体语言、着装等；硬技能：如知识点、引用理论等，以此有效监督自由职业者的服务质量（详见表二）。

在了解德国博物馆教育工作的理念、教育部人员构成的基础之上，我们将以五个实例来进行具体阐释和分析，所涉案例基本涵盖博物馆教育的种类，包括常设展厅导览、特展教育活动、教育展览、博物馆之夜、馆校合作等。

表二 慕尼黑国家博物馆自由职业导览员抽查表（根据德语翻译）

姓名									
日期									
主题									
参加人数				常客人数					
打招呼	1	2	3	4	5	6	7	8	9
声音语调									
口齿清晰									
用词用语									
眼神交流									
肢体语言									
仪表仪态									
着装									
描述准确									
知识点									
外延拓展									
引用正确									
诠释到位									
方法与理论									
备注									

二、特展教育工作坊

案例：B社（Agentur B）
类型：特展教育活动
形式：工作坊
关键词：打通传统和当代，打通艺术和设计

2015年9月至2016年1月，柏林国家博物馆老绘画馆举办波提切利大展“Boticelli 2015—1445”，（图二）如展览标题暗示的那样，展览以倒叙的线索来呈现不同时代对文艺复兴大师波提切利的认知，一代代人是如何构建起文艺复兴大师波提切利的。展览最开始的是当代艺术装置、动漫和时尚品牌对波提切利的借用，随后是20世纪60—70年代波普艺术对波提切利的挪用，接着进入19世纪，拉斐尔前派等对波提切利的崇尚，再接着进入学院派安格尔等人对波提切利的临摹，之后观众才能看到文艺复兴时期波提切利的作品。不过在数十幅波提切利画作之中，不乏近年已被证伪的作品，策展人并不回避伪作，因为这也是构建“波提切利”的一部分。（图三）

图二 柏林国家博物馆老画廊“波提切利 2015— 1445”特展宣传

图三 安迪·沃霍尔《向波提切利致敬》，丝网印刷，1984年，安迪·沃霍尔基金会藏

为了让观众，尤其是学

图四 “波提切利”特展教育活动现场

图五 波提切利《维纳斯的诞生》，1485年，乌斐奇美术馆藏

生群体更好地理解本展览，策展人与教育部人员一同设计了名为“B社（Agentur B）”的教育工作坊。B可以代表波提切利（Botticelli）首字母，也可以代表美丽（Beauty）等。工作坊总时长二小时：前一个小时为特展主题导览，旨在通过现场讲解作品使学生把握波提切利艺术的基本形式特征及其风格转变，如线条、用色、构图等，以及后世艺术家如何吸取其风格并形成自己的语言；第二个小时为创意动手活动，旨在将先前所学波提切利的艺术特征融入创作中，以纯艺术语言作为灵感和素材进行设计创作。之所以如此考虑，也是由于此次展览除纯艺术作品之外，还涉及纺织服饰、影像、装置艺术等多种门类，活动设计者希望借此能让学生们体验到不同门类之间的跨界。（图四）

在第二个板块中，学生将运用现场材料完成下列设计：

平面设计 graphic design：以字母B为主题，运用波提切利艺术线条等特征，进行平面、字体设计。适合较低龄的学生。

食物设计（food design）：观看波提切利的画作，你会联想到哪种食物，将其描绘下来，对其外观和原料进行阐释。适合较低龄的学生。

室内设计（interior design）：利用波提切利现成打印作品，以拼贴的方法，设计一间房间内景。适合较高龄的学生。

时装设计（fashion design）：提供素色布料，将波提切利画作以幻灯片的形式投射在模特身上，拍照完成作品。适合较高龄的学生。

工业设计（industry design）：设计一个旋转的轮子，以波提切利画作中的人物、花卉轮廓作为车轮及其条辐，运用格式不锈钢板作为肌理。适合较高龄的学生。

工作坊由教育部工作人员策划、把关，自由职业者开发、执行，我们观摩活动之时，执行的自由职业者是Paula Muller，一位年轻的女艺术家。工作坊分为9—12岁和13—18岁两个年龄阶段，个人收费9欧元/人，学生团组收费60欧元/团，学生团组需要另配两位陪同老师，每团不超过25人。

作为一个特展教育工作坊，“B社”有不少可资借鉴之处。首先，它打破了纯艺术和设计的界限，帮助学生从经典艺术出发，学习如何有创意地美化自己的生活；其次，工作坊由教育部策展人与艺术家共同开发，方便最终落地和执行；再次，五种活动可以同时进行，以最小的成本满足不同年龄层和兴趣点的参与者；最后，工作坊设有统一的标识系统，不论是隔断还是材料盒，都让人一目了然。（图五）

三、常设展厅导览

案例：柏林国家博物馆下属博德博物馆
类型：宗教艺术博物馆
形式：展厅导览
关键词：情感教育（共情）

始建于1904年博德博物馆，位于柏林博物馆岛上，以收藏中世纪和文艺复兴时期的雕塑珍品闻名于世，其中八成为宗教题材的雕塑。在与博德博物馆副馆长Julien Chapuis的交流中，我们了解到博德博物馆的参观者越来越呈现出老龄化的趋势，如何吸引更多的年轻人，尤其是中小学生走进展厅，成了博物馆的当务之急。为此博德博物馆寻找到的方案是以情感教育作为展厅导览的切入点，“情感是任何时代所共通的，从共情出发，而后才是知识。”Chapuis馆长如是说。（图六）

图六 柏林博德博物馆展厅

文艺复兴时期德国雕

图七 里门施耐德《四福音书作者》，祭坛雕塑，椴树木，1490—1492年，柏林博德博物馆 藏

图八 米歇尔·埃尔哈特《圣母的仁慈》，约1480年，柏林博德博物馆藏

塑大师里门施耐德（Tilman Riemenschneider, 1460—1531）的传世之作生动地刻画了四位福音书作者各异的动作和神态，他们或敬畏或审慎，或笃定或安详。每位进入展厅的学生会被要求描述、对比四位人物的神情，并体察艺术家如何刻画他们的内心世界。（图七）

有时，游戏也会倒过来，学生会被要求先选择一种他们能想到的情感，然后在展厅中找寻到表达这种情感的雕塑作品。比如说，安全感对应的是15世纪德国雕塑家埃尔哈特（Michel Erhardt）的《圣母的仁慈》，而这种因被庇护而得着安定的感受在各个时代都极为普遍，一如家长对于子女的无私关爱。作为展厅导览的后续活动，博物馆还会让这些学生邀请自己的父母来博物馆，由学生为父母进行导览，这种导览往往出人意料地感人，因为在讲解艺术品的同时，学生也在表达自己的情感，往往长久以来，他们第一次对父母表达了感激。（图八）

情感教育是如此重要，而又容易被国人忽视。博德博物馆的案例，让我联想起曾经看到的一份德国七岁儿童认知清单，除了大量常识之外，还包括许多情感体验，比如体验过压抑的心情，原谅过成人某次不公正的惩罚等。

四、教育展览

案例：（没有）太阳下的位置（No）Place in the Sun
类型：民俗学博物馆
形式：教育展览
关键词：态度和价值观、批判性思维

通常来说，博物馆教育较为普遍的是展厅讲解、艺术工作坊、特展活动等，在有限的人力和资源下首先会满足这些基础工作。而专门的教育展览往往需要特别的经费和契机来实现，这一案例亦是如此。

2002年，柏林政府规划在市中心旧址上按原貌重建二战时被摧毁的皇宫建筑，建筑新命名为洪堡广场（Humbolt Forum），现在位于达勒姆区（Dalhem）的民俗学博物馆和亚洲博物馆日后都将搬迁至这里，预计将于2019年对外开放。这是一个庞大的计划，事实上，任何新馆建设，建筑重要也最不重要，内容还是关键。传统以人类学、民族志为线索的展览不再符合今天的趋势，如何从西方中心主义对他者文明的猎奇姿态，转向具有世界胸怀——能将全人类联系在一起的前瞻性博物馆，是新馆的关键。为此，政府投资410万欧元扶持洪堡实验室（Humbolt Lab），为新展览的概念、内容、形式寻找方向，其中就包括反思殖民主义的教育特展“(No) Place in the Sun”。

该教育展览花费五万欧元，毗邻非洲藏品展厅，占地100平方米，针对12—14岁的青少年，以非洲殖民运动为探讨主题。19世纪，德皇威廉二世誓要赶超日不落的大英帝国，欲借殖民地扩张，为德国寻找“一个太阳下的位置”(a place in the sun)。此教育展览以此为切入点，加上（No），旨在对殖民主义提出一种反思态度。

种族的刻板印象是本教育展览所探讨的第一个议题。一方面，德国中小学学生的种族越来越多样化，甚至于一个班级的同学来自二十多个民族；另一方面，因为只有先克服了种族的刻板印象，才有可能对之后的殖民主义做出公允的判断。视频中一位德国初中生扮演各民族在世人眼中的刻板印象，令人忍俊不禁。由红黑两色字体写成的各种族特点，本是中立的叙述，而在带上红色滤光镜片后，只留下偏见的字眼，歧视由此产生。

展览的另一板块是对1884—1919年间德国的非洲殖民运动的探讨，呈现方式亦是很新颖。在一张长约五米的长条桌上摆放着若干可以移动的双面小旗帜，旗帜两面是对同一事件的不同描述，例如涉及1884年的柏林会议，一面是关于该会议列强瓜分非洲的事实，另一方面则是当时对此事抗议和抵抗的情况，而后者恰恰是今天在书写历史时容易被有意无意忽略的事实。双面的、可以移动的小旗帜，在形式上也启发着学生辩证地看待历史事实。此外，长条桌上还按时间先后贴着若干贴纸，显示殖民非洲时期每十年柏林民俗博物馆非洲藏品的数量。从1880年的3361件起至1945年二战结束的66953件，殖民主义时期藏品成几何倍增长，激起的是学生对博物馆收藏伦理的反思。

在整个教育展览中，花费最多的是一款名为“你会怎么办（What Would You Do）”的互动游戏，5000欧元，占整个展览预算的十分之一。该互动装置由教育部工作人员与博物馆策展人进行内容策划，技术外包。游戏界面基于史料图像，以手绘的形式再现了德国人造访前的西非。游戏情节同样基于历史事实，情节需要参与者进行一系列的选择——假设你是西非某国国王，德国军队入驻你的领地，你会如何处理这些问题？例如：是否向他们提供水和食物？又如：是否与他们开战？每一个不同的选择，都会推动不同的情节走向。可是最终，参与者会发现原来无论如何选择都免不了被殖民，甚至惨遭屠杀的结局。学生通过角色扮演的游戏，将自己代入历史情境，感怀历史的残酷。

此外，展览中的其他互动形式，如比对肤色、黏贴词语等也可圈可点，在此不一一赘述。总的来说，柏林民俗博物馆这个关于非洲殖民运动的教育展览，通过多样化的互动形式，恰如其分地呈现殖民主义这个背景复杂的历史议题，启发学生既跳入百年前的情境中，又站在远端的当下，辩证地对历史进行审视与反思。

五、博物馆之夜

案例：全球化而非本土化（Global Rather Than Local）
类型：美术馆
形式：教育探索问卷（Discoverer Sheet）
关键词：介入社会政治议题

关于博物馆是否应当介入社会政治议题，长久以来有着激烈的争论。反对者将博物馆视为一个独立于政治、经济之外的具有普世价值观的空间，而支持者则认为博物馆与任何机构一样，是社会的有机组成，甚至应当作为一个社会的意见领袖发出自己的声音。德累斯顿国家博物馆显然持后一种观点。（图九）

近些年，移民和难民问题，已是德国社会的核心问题，德累斯顿国家博物馆并不置身事外，以实际行动公开表明自己欢迎难民及移民的立场。除了闭馆后在阿尔贝庭馆（Albertinum）为难民德语班提供场地外，还在古典绘画馆举办主题为“全球化而非本土化（Global Rather Than Local）”的博物馆之夜。

在这次活动中，策展人以全球化的视角重新撰写了一版说明牌，除作品本身的硬知识之外，更是补充作品背后体现着民族和地域多样性的细节。例如，在《博士来拜》中特意提请观众留意三博士的不同肤色以及他们分别来自欧洲、非洲、亚洲；提香的绘画中，涉及画中的群青颜料开采自阿富汗，但其销售中心却是在威尼斯；在荷兰小画派的作品中，画中人物背后往往设有来自土耳其安纳托利亚高原的地毯……凡此种种，都在试图以图像证史，说明不同地域之间的人口和物品流动古已有之，全球化是个古老的命题。

“博物馆之夜”不仅是成年人的活动，同时也关乎未成年人。教育部工作人员与策展人一起开发的主题问卷，以选择题的形式，引导小朋友观察画面细节、解读说明牌文字，并最终帮助他们理解全球化问题。而这一份主题教育问卷并没有在“博物馆之夜”活动后就被遗忘，而是沿用至今，如今每一个进入古典绘画馆的参观者，不论小朋友还是大朋友，都可在入口处领到这份问卷，从中了解作品的另一种解读的面向，以及该博物馆的历史与政治姿态。（图一一）

图九 德累斯顿阿尔贝庭馆中的透明雕塑标本室

图一〇 德累斯顿国家博物馆阿尔贝庭馆教育活动现场

六、博物馆教育体系

案例：慕尼黑博物馆教育中心（MPZ）
类型：教育机构
形式：为各博物馆的教育提供指导与支持
关键词：博物馆教育体系的建构

博物馆教育的重要性体现在其面向之广，它一方面是成年人的社会终身教育，另一方面是学校教育体系的有力补充。在美国，纽约大都会博物馆的教育有特定的活动和高中AP课程挂钩；在英国，大英博物馆也为了高中A-level课程专门设计了相应博物馆教材。德国也有类似的情况，德累斯顿的阿尔贝庭馆所开发的博物馆教育活动，涵盖各年级和各科目，并有一张表格标注出每种活动适合的年级和所涉学科知识，使学校老师和学生在参与活动时一目了然。

不过，除此之外，德国人做得更多。几年前，巴伐利亚州对州里的三百多家大小博物馆做过一项评估，仅有30%的教育活动令人满意。背后的一个事实是，在这些博物馆中仅有11%经费充足的大馆有自己的博物馆教育部门，因此，余下89%的博物馆实际上并没有能力独立开发博物馆教育活动。正在这一形式下，政府主持成立了若干博物馆教育中心，慕尼黑博物馆教育中心（MPZ - Museums Padagogisches Zentrum Munchen）即是其中之一。

2008年成立的慕尼黑博物馆教育中心，旨在为学校和其他教育机构开发、组织、执行博物馆教育项目。目前该中心为30座慕尼黑的博物馆和20座其他巴伐利亚州博物馆开发策划了120种幼教项目、180种中小学教育项目，四十余种家庭和成年人休闲项目。其中针对中小学生的博物馆教育活动最受重视——中小学生参与博物馆教育活动由教育局倡导，带有一定的强制性，中心所开发的每个教育活动必须与某一或某几种学科相对应，成为学校教学的课外补充。通过参加博物馆教育活动，中小学生以期在以下方面获益：更好地理解博物馆展品；学习相关历史、美学、科学信息；加强对于艺术、科学、历史、自然等学科的理解；通过实践

图一一 慕尼黑雕塑馆教育活动现场

增强创造力、想象力和认知；体会文化和自然遗产的美和价值。（图一二）

和博物馆一样，慕尼黑博物馆教育中心也大量依赖兼职人员，包括签五年以上合同的专家、外借教师、自由职业者等（详见表三）。在编人员的工资由政府支出，中心办公场地及办公开支也由政府承担，在博物馆的工作坊则由相关馆提供。总的来说，博物馆教育中心的经费50%来自慕尼黑政府科学艺术处，其余部分则需自营，渠道如基金会支持、出版费收入、非教育类活动收入等。博物馆教育中心除了为传统意义上的博物馆（包括美术馆、科技馆）提供教育项目之外，国家城堡、景点、图书馆、纪念馆和档案馆也在其服务范围之内。可见，在德国，博物馆教育是一个比我们所预想得更为宽泛的范畴。

表三 慕尼黑博物馆教育中心人员构成

慕尼黑在编员工		
全职职员	10.5	教育学背景的教师和专家
兼职专家	20	5年以上固定合同
全职行政人员	3.5	行政、管理
资深志愿者	7	问讯处
慕尼黑和巴伐利亚州		
外借教师	17	每周在馆工作1-3天
自由职业者	90-120	教育活动执行，多为有硕士学历的家庭主妇

博物馆教育中心在直接面向学生群体的同时，更是着力培养能独立策划、执行项目的博物馆教育人才。在中心的所有项目中，为大学生、实习教师、博物馆从业者提供的继续教育项目占19%，且开设了硕士同等学历的博物馆课程并提供证书。近些年，中心主持成立了巴伐利亚博物馆学院（Bavarian Museum Academy），专门为博物馆教育从业者及相关人员提供有关博物馆各领域的继续教育课程，每25人成班。毕竟，人才是一切行业的核心，培养优秀的博物馆教育人才比仅仅提供项目，更为影响深远。

七、小结

上述五个案例试图从不同层次呈现德国博物馆教育的样貌：如果说，“波提切利特展”教育活动和“全球化而非本土化”博物馆之夜是作为具体活动的点，那么博德博物馆的学生常设导览和柏林人类学博物馆的“（没有）太阳下的位置”教育展览则是具有较长时效性的线，而慕尼黑博物馆教育中心则让我们跳脱具体的场馆，看到馆内馆外是如何作为一个系统，共同促进博物馆教育这一行业发展的。而这些或点、或线、或面的案例，最终都反映出德国人的理念，即将博物馆的教育视为一种社会教育和中介活动，通过博物馆教育使更多公众介入博物馆，并从中受益。

传统博物馆与当代艺术的融合

2015年10月赴法国、瑞士培训交流　赵佳

2015年10月24日至11月22日，本人有幸赴法国和瑞士两国参加为期一个月的“策展人学术交流项目”。该项目是在国家文物局的支持下，由中国文物交流中心与法国卡地亚当代艺术基金会联合举办。作为法国最重要的当代艺术基金会之一，卡地亚当代艺术基金会充分利用其在法、瑞两国的影响力，围绕“当代艺术”的主题，为首批三名人员精心策划了理论学习、实地调研、参访会晤等多种形式的交流活动。（图一）

图一

一般而言，世界著名文化大都市的艺术类博物馆体系往往呈现出由古代、近现代和当代艺术组成的“三段体式”。如美国纽约的大都会艺术博物馆——纽约现代艺术博物馆——古根海姆博物馆；英国伦敦有大英博物馆——泰特不列颠艺术博物馆——泰特现代艺术博物馆；而在法国巴黎，除了由卢浮宫、奥赛博物馆和蓬皮杜艺术中心构成完整的艺术史时间序列之外，还特别设置了“东京宫”作为当代艺术的实验基地。反观上海，我们也基本形成了由上海博物馆——中华艺术宫——上海当代艺术博物馆“三足鼎立”的态势。那么，在这种泾渭分明的顶层设计之下，各个博物馆是否就“自贴标签、画地为牢”了呢?

事实并非如此。在巴黎，当代艺术正以“无孔不入”的蓬勃态势渗入到城市的方方面面，而这种现象在博物馆尤甚。越来越多的传统博物馆正纷纷摆出一副“关切当下”的姿态，唯恐落于人后。

为了便于梳理，本人依据当代艺术在传统博物馆的渗透程度，将其分作四个层次加以说明：

一、第一层次——空间植入

卢浮宫：卢浮宫以其百科全书式的古典艺术收藏闻名于世。在这样一座古典艺术的殿堂内，竟也随处可见当代艺术的踪迹。未入卢浮宫，观众就被正门金字塔内的一道红色闪电所吸引。

图二

图三

图四

图五

（图二）这件出自法国艺术家Claude Lévêque的当代艺术作品突出展现了他利用“空间切入”，追求“感官冲击”的个人风格。走入卢浮宫，当代艺术不仅出现在展厅间的隔廊处，甚至还登堂入室，直接进驻展厅。（图三）例如曾梵志的油画《从1830年至今》就曾在德侬厅与德拉克洛瓦的名作《自由引导人民》对话并置。虽然卢浮宫对当代艺术的允入态度十分明确，但总体看来，其对常设展区内当代艺术的植入却较为谨慎。馆方不希望出现与原有古典艺术氛围特别违和的元素，因此植入的当代艺术作品多以油画或雕塑为主。而在地下的中世纪城壕遗址区，由于此处空间相对独立，故而这里陈列的当代艺术显然要新锐大胆得多：横七竖八的成排塑料椅，映衬着随风飘动的纱幕。这样一组大型的当代艺术与卢浮宫中世纪的地下遗址环境恰恰形成了鲜明的对比。

凡尔赛宫：始建于17世纪的法国皇家行宫凡尔赛宫藏有大量珍贵的肖像画、雕塑、挂毯、历史画等艺术珍品，1833年被辟为国家历史博物馆。我们在巴黎期间，正宫殿前的法式园林内正集中展示着当代艺术家Anish Kapoor的五件大型作品：《曲线C》《天镜》《坠降》《肮脏的角落》和《分体》。（图四至图八）Anish Kapoor生于印度、长在英国，其作品往往融合了天与地、有形与无形、正像与倒映等多组对立元素，被视为印度和西方哲学思想的结合。针对这组作品，凡尔赛宫馆长Catherine Pégard认为：“这些作品的原创性在于将凡尔赛凝固的历史、规整的建筑园林通过镜面反射和人造涡流等手段转变为动态的、无形的与变化的。Anish Kapoor成功地将观众领入了一段尘封的历史。”

人类学博物馆：在法期间，恰逢巴黎人

类学博物馆斥资9000万欧元、历经六年整修后重新开放。作为法国最重要的人类学博物馆，该馆藏品以史前器物与民族学艺术品为主，曾吸引了毕加索、马蒂斯和德兰等名家前来获取创作灵感。全新开放的该馆不仅采用了“仓储式陈列”“科学阳台”等多种新颖前卫的陈列方式，更是在场馆入口、展厅隔廊、楼道夹层、休息等候等公共区域植入了诸多当代艺术作品。如在博物馆入口处，有用不同语言表达“欢迎”一词的霓虹招牌群；（图九）楼层间可见俯瞰阅览室的立体人像雕塑。（图一〇）前者与人类学研究语言文化多样性的宗旨相符，后者则有意识地将观众引向阅览室，堪称一尊无声的指示牌。可见，此类当代艺术的植入是与博物馆的定位相符的，并非“为了当代而当代”。

借鉴与启示：公共空间的主题再现。

博物馆不只是一个陈列场地，还是一个能够满足观众动手操作、视听学习、餐饮购物等多种需求的综合性文化场所。而当代艺术与传统博物馆的融合，从既有空间入手应该是最初级、也是最安全的方式。因此，传统博物馆可以适当考虑在公众餐厅、观众活动室、报告

图六

图七

图八

图九

图一〇

厅、影视厅、阅览室等空间尝试植入当代艺术，如营造“主题餐厅”“主题活动室”等，但关键是要与博物馆本身的收藏与定位相匹配。

二、第二层次——临展特邀

如果说在既有空间植入当代艺术只能算是“小试牛刀”的话，那么传统博物馆为临时展览定制当代艺术作品的做法则算得上是一种“有的放矢”。在法期间，我有幸参观了卢浮宫2015年度的秋季大展——“未来简史”。称其为“大展”，既不是因为展品多，也并非看在其占地广，而是由于以下三个原因：

1. 向全球借展文物并定制当代艺术作品；

2. 打破了展品所属文化地域、材质类别（雕塑、漆器、绘画、标本、装置艺术、摄影等）与时期年代（1/3的展品为当代艺术）的壁垒；

3. 主题宏大、内容庞杂，关注的是人类永恒的“大课题”。

“未来简史展”改编（或称演绎〔interpretation〕，而非翻译〔translation〕）自法国政治和经济学学家雅克·阿塔利的同名畅销书（该书已被译成27种语言）。原著作者长期担任密特朗总统的特别顾问，被誉为“密特朗的手提电脑”。他在书中从已知的历史和科学角度出发，剖析了各国关系的未来发展趋势，涉及人口动荡、居民迁移、工作变迁、多级市场、恐怖、暴力、气候变化以及宗教影响力等诸多课题。基于这部原著改编的“未来简史展”是一场打破古今壁垒，聚焦人类共同理想，力求通过展望未来、继而反观自我的展览。展览经对原著的提炼后形成了以下四个部分：1.世界的秩序；2.历史的循环：帝国与武力；3.世界的扩张；4.未来世界。展览由加拿大当代艺术家Geoffrey Farmer的特邀定制作品《埋骨地》揭开序幕，该展品将813枚历代雕塑的照片制成小纸雕围立在同心环装置内，构成一座“雕塑墓地”，一枚枚纸雕就像是纪念人类文明的一座座墓碑。（图一一）展览的第一部分，策展人邀请阿根廷当代艺术家Tomas Saraceno特别构思了一组《蛛网系列》，以说明“人类社会秩序的建立”。展品是两个充斥着絮状蛛网的透明玻璃柜。蜘蛛不喜群居，品种各异的蜘蛛共处一室，就像不同文化、地域、种族的人类共居地球，彼此之间的关系就像蛛网一般既间隔又联结。展览的第二部分围绕着

图一一

“历史的循环”展开，卢浮宫为此调取了镇馆之宝《王室头像：汉谟拉比》参展。这件雕像刻画的很可能是以武力统一两河流域的巴比伦国王汉谟拉比（公元前1792—前1750年在位）。但后来，汉谟拉比的继承者却无力守住基业，帝国最终走向衰亡。同时展出的还有哈得逊河画派奠基人Thomas Cole（1801-1848）的系列组画《帝国兴衰》。（图一二至图一六）在前后相接的五幅油画中，同一座山峰见证了人类社会从“蛮荒乡野—村落庙宇—繁华帝都—崩塌毁灭—回归断壁残垣”的整个过程，由此深刻地揭示出历史发展的必然规律。在展览的第三部分，策展人在借助地图说明“世界的扩张”之外，还以种子标本巧妙地点出了人类对地球的不断占有。最后，展览的第四部分开始探讨“未来”，当代艺术作品的比例也相对提高。其中一件名为《基座》的作品邀请观众坐在柱础搭建的民主广场上观看纪实影像。影片中反映人类暴力、骚乱、战争等诸多黑暗面的镜头，不断激发观众陷入沉思：“民主与自由究竟对此能做些什么？”同在最后部分的还有巴洛克时期的油画《预言家》，距其几步之遥便是中国的卜骨。可见，从古至今、无论中外，“未来”总是人类永恒的话题。出乎意料的是，这样一个大展最后竟以一件手掌大小的照片收尾。照片上，聚光灯下倒悬着一名杂技演员。他表情紧张、躯体扭曲，象征着人性在无底深渊的挣扎。尽管艰难，但演员依旧可以依靠脚上的悬绳来把控身体，即人类可以主宰自己的命运，关键在于怎样作为。

借鉴与启示：开放式的展览尾声。

当代艺术不在乎美不美，关键在于制造话题、引发思考。在无法直接植入当代艺术的传统陈列中，不妨考虑在展厅结尾处设置一个开放区，供观众共同参与完成一件当代艺术作品。当然，它必须是基于展览内容而特别设计的“衍生作品”。这样，观众既能体验由“艺术”（观展所得）走向“设计”（付诸实践）的过程，也可以实现观众为展览画上个性化句号的愿望，从而避免了展览戛然而止，不留思考余地的弊端。目前，不仅国外特展有此类趋势，国内也有博物馆开始了这方面的有益尝试。

图一二

图一三

图一四

图一五

图一六

三、第三层次——固定常设

如果说第一层次的“空间植入”是撒点胡椒，本味不改；第二层次“临展特邀”是点菜下锅、按需取用的话，那么当代艺术进入传统博物馆的固定常设风险就大了，搞不好就会不伦不类。然而在巴黎，有这样一座博物馆，它通过“高端定制”的方式巧妙实现了当代艺术与常设陈列的交融，我个人暂且将其归为“第三层次”。

狩猎与自然博物馆是位于巴黎市区一栋独立宅邸内的私人博物馆。该馆不仅陈列动物标本、狩猎工具等，还包含油画、挂毯、瓷塑等古典与当代艺术作品。该馆的成功之处在于策展人很会“讲”。以下谨从“讲”的角度、方式和风格三方面来加以说明：

1.“讲”的角度

首先，策展人确立了博物馆的展览主题：“狩猎—人与动物—自然”，即从“狩猎”出发探究“人与动物”的关系，继而观照“自然”这个大课题。其中，“人与动物”作为一个“中间项”，对展览主题的深化起到了桥梁的作用。

对此，策展人出其不意，并未从常规的“生态角度”入手，而是从人类的自然观出发，揭示出“人—动物”关系的演变。例如，在讲述“人与狗”的关系问题上，展览揭示了狗从最初的“狩猎帮手”最终演变为当今“生活伴侣”的过程。（图一七）早在新石器时代，狩猎成为人类获得食物的必要生存手段之一。当时，人类对猎犬和牧羊犬的依赖是出于生存的需要。进入文艺复兴后，“人本思想”促使人类对动物世界进行了重新划分，认为驯养动物的重要性要高于野生动物；而文艺复兴之后，人类关注自我的眼光移向了周围的环境与生物，逐渐改变了人类是唯一具有情感的物种的错误观念。进入现代社会，疏离冷漠的人际关系又使“宠物犬”成了人类排解孤单的情感寄托。表面上看，展览是在讨论狗之功能（即狗在人类生活中角色）的转变，实际是在探讨人与狗的关系，继而观照人与自然关系的演变。

图一七

2.“讲”的方式

巧妙的讲述角度需要借助恰当的叙述方式来实现。承接上例，为了说明狗在人类生活中角色的改变，展览先后运用了狗的化石（獠牙代表其猎杀的能力）、油画《母犬哺幼》（文艺复兴后，人类意识到其他物种同样具有情感）和瓷塑《宠物犬》（反映当代人类对狗的情感依赖）等作品来加以表现。狩猎与自然博物馆所在的建筑是一栋三层的私人宅邸，每层均由联排的小隔间构成。由于空间小、隔间多，因此展览采取“居家式”风格，以动物类别分隔展厅（如马、鸟、狮、狗、灵长类等），并将各个时期的标本、瓷器、工具、挂毯、油画、照片、家具作为展品等同聚一室。在“狗”的专室，展品的时代自新石器时代直至当代。各类艺术品中不同的狗的形象直接反映着人类对其认识的改变。

3.“讲”的风格

该馆最大的特点在于当代艺术的和谐融入。展厅内随处可见“狩猎元素”，而它们实际均是当代作品：如望远筒式的监控探头；鹿角状垂饰和树杈形吊灯。（图一八至图二〇）策展人在将当代艺术“和谐融入”的同时，甚至还有意识地增添了幽默的情调。例如，观众会在墙角发现木刻的方向标和“耗子洞”（彩绘）。（图二一、图二二）而展厅内的沙发上时常会散落着一枚松果或花枝，甚至会突然出现一只盘踞的“狐狸”（标本）。（图二三、图二四）这些符合“狩

图一八

图一九

图二〇

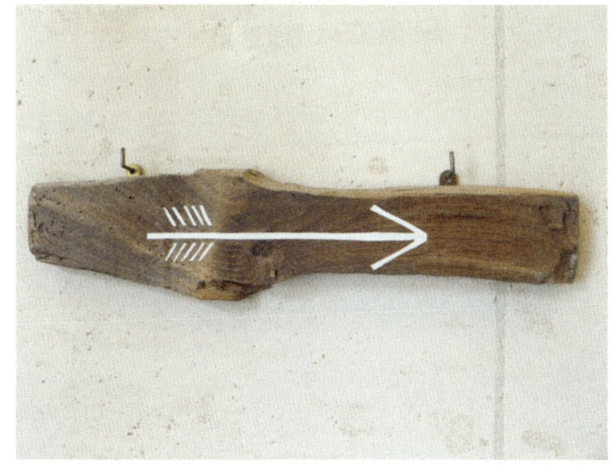

图二一

图二二

图二三

图二四

猎”主题的当代艺术品不仅迎合了观众的猎奇心理，还使其产生发现后的兴奋感。策展人的胆略不仅于此，他不仅在辅助设施上大胆运用当代艺术，还敢于在陈列中延续着当代艺术的“幽默植入”。例如，猎枪的说明牌文字采用了老式打字机字体。作为特殊的“当代艺术”，这些说明牌是在无声地标榜着这些猎枪的年代。而当观众正要感叹策展人在保持展览元素高度一致性的同时，转眼又会发现在成排的猎枪之中竟然混入了几柄奇形怪状的大弹弓、狼牙棒与土枪托，这些均是当代艺术品。面对这些原始工具，人类能不能坦然面对自己天真的过去？当代艺术再次成功引起了人类的思考。

借鉴与启示：不用屏幕、照样互动。

在我看来，狩猎与自然博物馆的成功之处就在于其力求极致的“一致性”和出其不意的“不一致性”。陈列元素与山林环境十分契合：原始而自然。在此基础上，展览观感得以与狩猎心理一致：猎奇与恐惧（近距离地摆放各类大型动物标本）。而出人意料的不一致性又表现在非常规的说明方式，它借用当代艺术去注解历史文物与标本，而展品中突然出现的异类又意外带来了喜感。

在国内，一提到“互动”，感觉除了“电子屏幕”就是“数字化”。而狩猎与自然博物馆则反其道而行之。整个馆没有一个电子屏幕，但观众却感觉处处有互动，人们观展就像在丛林中“猎奇”，时刻为自己的一点小发现而兴奋不已。

四、第四层次——设计外现

近年来，中国的博物馆数量激增。从某种意义上讲，当今博物馆的建筑与陈列设计也算是为文物度身定制的一种“当代艺术”。本人暂且将这种跨时代的艺术融合归为第四层次——“设计外现”。2012年底，新建成的卢浮宫朗斯分馆对外开放。这座应法国“去中央化”政策而诞生的博物馆总面积达3.4万平方米，地上地下各一层。与国内追求“地标效应”的理念不同，低矮的朗斯分馆确保了建筑与周围环境的和谐融入。（图二五）

卢浮宫朗斯分馆最引人瞩目的是它的常设陈列。该展厅为一个3000平方米的规整矩形。展厅内墙采用反光铝板，天顶的百叶窗可调节角度，以控制透光量。观众和展品隐约映射在铝板上，构成奇妙的“光影”效应，颇有“印象派”风格的趣味。在这样一处堪称“当代艺术作品”的摩登展厅内，观众得以在清新敞亮的环境下获得“浸入式”的观展体验。而在内容上，策展人从卢浮宫的馆藏中精心遴选文物，以不同于卢浮宫本馆的新颖展线，将埃及、希腊、罗马、伊特鲁里亚等不同文明与地域、不同类别的文物（雕塑、绘画、织毯、石棺等）依据时代先后同室陈列。展陈的唯一线索便是展厅立墙上的时间轴（公元前3500年—公元1850年）。这种不分章节、通篇铺开的展陈理念本是受到了“世界艺术年表”的启发。观众由古及今缓缓步入展厅，首先映入眼帘的是埃及雕塑（由于遵循“正面律”而略显僵直）、几步之遥便可欣赏到基于埃及神像发展起来的希腊雕像（由于突破“正面律”的束缚而显得形体弯曲有致）以及更后期的罗马雕塑（更具写实的动态）。（图二六）这种比较式的观展体验就如同在阅览一部立体的微缩艺术通史。

图二五

图二六

值得一提的是，展厅入口处还设立了一块标识文物具体方位的总导览牌。导览区与展厅之间有一小段坡道，俯瞰展厅的观众不仅可以把握展览概况，还能获得即将“潜入”世界艺术史的心理暗示与缓冲。

借鉴与启示：合理设置等候区域。

进入场馆后，观众排队等候观展的时段是心理上的“空窗期”。馆方应对此做出合理安排，及时传递讯息、制造心理缓冲，避免观众因盲目无聊而产生负面情绪，影响观展体验。

“传统博物馆与当代艺术的融入”在国内还是个新话题，在国外，有没有当代艺术的植入却已成为衡量一个传统博物馆是否“落伍”的指标之一。两者的融合要做好不容易，但没有，也难免成为一种遗憾。

赴法国预验收LIBS仪器及参观著名博物馆的收获

2015年11月赴法国参观考察　龚玉武

2015年11月2日至8日，本人前往法国巴黎IVEA仪器公司，对已经采购的激光诱导击穿光谱（LIBS）进行了技术协商和仪器预验收，参加了仪器公司安排的操作培训，另外还参观了卢浮宫和奥赛博物馆。

上海博物馆于2015年初引进了法国IVEA公司MobiLIBS激光诱导击穿光谱仪（LIBS）。激光诱导击穿光谱灵敏度高、检出限低，可实现元素的非接触式快速检测，无需样品预处理及制备，可以对多种成分同时进行快速分析，分析元素范围广，几乎涵盖元素周期表全部元素，微米量级的准无损检测，对样品的破坏几乎可以忽略，不仅可以实现样品空间分辨，还能进行深度分析，并能与其他技术联用，在文物研究方面的应用已显示出巨大的潜力，适合于陶瓷、彩绘、颜料、玉石及金属工艺品的表征和鉴定。

该仪器设备正处于生产阶段，当下正进入关键技术确认及组装阶段，由于是比较新的技术，特别是应用在考古及博物馆领域尚处初级阶段，为了让设备更适于该领域研究工作的开展，厂家建议我方工作人员前往生产现场商讨仪器关键技术指标，若有问题，可在组装前及时改进，并为我方工作人员提供仪器构造及软件操作培训，以便将来更好的使用该先进设备。

在本人到达现场之前，法方已经将常规光学器件及事先确认好的配件全部备齐，置于光学平台上，并已通过调试。（图一）然而，对于激光器的放置方向、三维样品台的载重、行程、高低位置设置及相关的样品仓尺寸是本次协商的重点。该厂商表示，其早期客户以小样品为主，对样品仓、样品台要求不高，但我们作为文物和考古领域的客户，以文物安全为首位，所以提出了诸多专门针对文物样品测试的特殊改动，原来激光器是至上而下激发样品，样品仓大小固定，且不可拆卸。（图二）

图一 尚未组装的光学器件

图二 改造前的标配仪器设备

图三 仪器关键技术指标协商

图四 仪器专家进行操作培训

图五 各种光学器件及小零件

图六 样品展示及技术奖项

图七 激光警示标识和警示灯

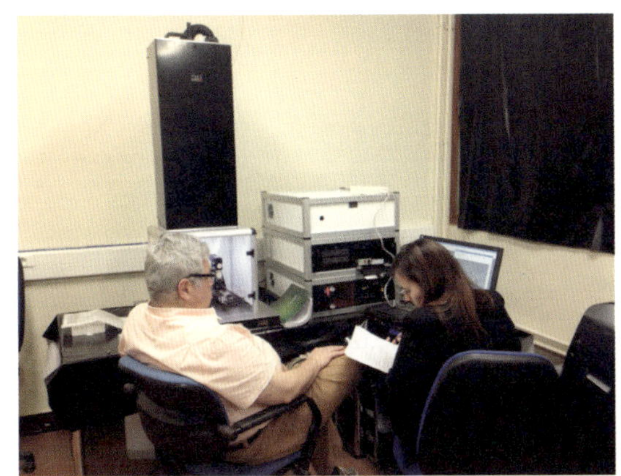

图八 样品检测工作现场

图九 国内仪器搭建现场

图一〇 改装后的全新仪器

通过协商，我们将仪器改为激光器水平放置，样品仓扩大至60厘米×60厘米×60厘米，且遇到更大的文物可移开样品仓，甚至将激光器在样品台上滑至边缘，以便测试更大的文物样品，此时需佩戴专用激光测试眼镜，对于样品台，我们要求也较高，一方面要求载重十公斤以上，一方面要求确保移动精度，对于高精度、高载重样品台行程受限的现状，更是结合目前X射线荧光能谱仪自制样品架的启发，增加了多层样品架，解决了测量高度不连续的问题。另外，对于光纤测试探头，为了确保测试的安全，与厂家协商，增配了安全触动开关。考虑到样品仓中样品台在测试过程中需要移动更换测试位置，为了保障文物绝对安全，提议样品仓采用透明材料，厂商也是尽量满足，选用了浅绿色吸收红外激光的透明材料替换了原来的黑色不透明金属外壳。随后，仪器进入最后的改进和组装阶段，法方承诺调试完成后于12月初发货。（图三、图四）

此外，本人还参观了仪器公司的生产车间和光学实验室。组装车间仓储柜内放着各种各样的光学器件及小零件（图五）及该公司获得的各种技术奖项以及利用其产品所测的各类样品展示柜（图六）；通过对其光学实验室的参观，让我了解到法国人的安全意识相当高，即使有了样品仓的保护或佩戴了激光防护眼镜，他们仍然会在实验过程中关闭实验室门，点亮门外的激光实验警示灯，当然，门上还张贴了当心激光的安全警示标识，通过各种措施，提高实验的安全系数，防止误伤外界突然进入的其他人员。（图七、图八）

回国后，我们也立刻采取了同样的安全措施。2016年初，已经顺利完成该仪器的安装调试，正式投入使用（图九、图一〇），并计划借助课题研究，开展LIBS在中国古代各类文物样品成分检测方面的基础研究，为将来该技术在文物分析、表征的深入研究提供科学依据和实验基础。

在仪器预验收工作之余，作为博物馆工作者，本人还参观了卢浮宫和奥赛博物馆。上海博物馆目前正逢东馆筹建阶段，本次参观我也是格外留心，希望能在文化交流办公室举办的出访人员交流座谈等活动中将自己所见所闻、所思所想传递给馆内同仁，共同为上海博物馆东馆建设出谋划策。

卢浮宫位于巴黎市中心的塞纳河北岸，始建于1204年，原是法国的王宫，居住过50位法国国王和王后。卢浮宫是世界四大博物馆之一，以收藏丰富的古典绘画和雕塑而闻名于世，是法国文艺复兴时期最珍贵的建筑物之一。它的整体建筑呈“U”形，占地面积为24公顷，建筑物占地面积为4.8公顷。1793年8月10日，卢浮宫艺术馆正式对外开放，共分希腊罗马艺术馆、埃及艺术馆、东方艺术馆、绘画馆、雕刻馆和装饰艺术馆六个部分，拥有的艺术收藏达3.5万件，其中最著名的是镇宫三宝《断臂维纳斯》《胜利女神尼卡》和《蒙娜丽莎》。

奥塞博物馆原址为巴黎通往法国西南郊区的一个火车站，在1940年即已没落，闲置了约四十七年之后，1986年将火车站改建成奥塞博物馆。火车站由建筑师维克多·拉卢设计，他主张尊重原有的建筑结构，保留了原有的柱子、铸铁横梁以及仿大理石装潢，建成后新车站的建筑风格与对岸卢浮宫和杜乐丽宫花园的高雅格调相互照映。奥赛博物馆与卢浮宫、蓬皮杜中心一道被称为巴黎三大艺术博物馆。馆内主要陈列1848年至1914年间创作的西方艺术作品，建筑、雕塑、绘画、素描、摄影、电影、装饰艺术都在此完整地展出，聚集了法国近代文化艺术的精华，填补了法国文化艺术发展史上从古代艺术到现代艺术之间的空白，这使奥赛博物馆成为联结古代艺术殿堂卢浮宫和现代艺术殿堂蓬皮杜中心完美的中间过渡。

通过参观这两个著名博物馆，给了我几点深刻感受：

1. 古代艺术与现代生活融为一体

著名美籍华人建筑师贝聿铭为卢浮宫设计了“金字塔”新入口。（图一一）这座“金字塔”

图一一 著名建筑师贝聿铭设计的卢浮宫“金字塔”入口（左图地面室外，右图地下室内）

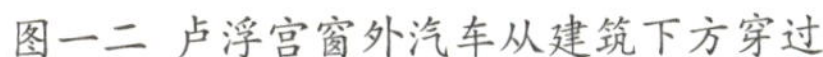
图一二 卢浮宫窗外汽车从建筑下方穿过

图一三 现代楼梯与古建筑十分融洽

为卢浮宫博物馆增加了新的、耀眼的光彩。有了这座“金字塔”，观众的参观线路显得更为合理。观众在这里可以直接去自己喜欢的展厅，而不必像过去那样去一个展厅而要穿过其他几个展厅，有时甚至要绕行七八百米。有了这座“金字塔”，博物馆便有了足够的服务空间，包括接待大厅、办公室、贮藏室以及售票处、邮局、小卖部、更衣室、休息室等，卢浮宫博物馆的服务功能因此而更加齐全。

窗外汽车、公交车从宫殿下方桥洞川流不息穿过的情景，又将我从古代殿堂顿时拉回现代生活。（图一二）宫殿内为了方便观众参观，后期改造的楼梯，这种充满美感的设计，丝毫没有那种格格不入的感觉。（图一三）这种古代艺术与现代生活融为一体的美感别有味道。

2. 室内艺术与室外风景相互映衬

卢浮宫和奥赛博物馆除了展品、陈列吸引观众之外，其窗外的风景也不可忽略（图一四、图一五）。窗外的风景与室内的展览相互呼应，动与静、变与定、远与近，当你参观疲惫了，可以

图一四 卢浮宫的窗外

图一五 奥赛博物馆的窗外

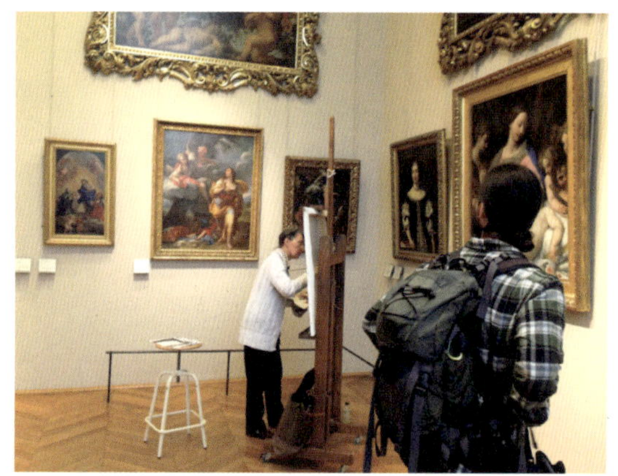
图一六 油画爱好者馆内临摹著名油画作品

图一七 学生静静地倾听老师的现场授课

图一八 大型设备存放处

窗边远眺，或沙发小憩，看看书，聊聊天。这一切都是那么自然，那么和谐，那么舒适。

3. 从以藏品为中心到以观众为中心

有绘画爱好者在展厅里对名画进行临摹，他们有一个共同的特点——专注，即使周围的人来来往往络绎不绝，即使旁边的人指指点点、议论纷纷，即使还有些像我这样的游客不断地换着各种角度拍照，他们始终非常专注，努力地在完整自己的作品，珍惜这难得的临摹机会。（图一六）

有老师在给十几位席地而坐的学生讲解着她（他）身后的油画，由于语言差异，我虽听不懂，但是老师似乎在讲述着油画创作的故事和创作的技巧。（图一七）据法国朋友介绍，在法国，博物馆与学校联系十分紧密，学生团体在所有游客中占比巨大，卢浮宫特意根据馆藏内容为幼儿园、小学、初中等不同年龄层的学生设计了十条教学路线供学生游览，卢浮宫学院作为主要的对口院校，与卢浮宫也有密切的合作，让相关专业的学生到馆内做义务讲解。

这些以观众为中心的各项惠民举措，让观众真正地从博物馆这种文化教育中受益、成长。

4. 注重细节，贴心周到

我在奥赛博物馆大厅一角拍摄的照片，大家能看下这是什么吗？（图一八）我凑近仔细看了才知道，里面是大型电子设备之类的，我推断可能是该建筑建造较早，有些诸如通风设备又必须存放在此处，但为了与周围展览和谐而不凸显，所以添加了设计成分在其中，足以可见其注重细节。

在奥赛博物馆我看到好多展柜，虽然有五层，但是他们最上面一层都没有放文物，我当时觉得奇怪，后来仔细思考后才明白，其实这个柜子非常高，最上面一层即使放了展品，大家也无法真正的欣赏的到，可能也是馆方出于观众参观角度的考虑，才没有放置在最高层。（图一九）

图一九 文物展柜

即使一个简单的灭火器，也能看出他们考虑的非常周全，在国内，很多灭火器是用铁盒子装的，如果紧急情况要掀开盖子取出来才能灭火，但是此处放在凹槽中，并贴了标记在墙上以作提示，即避免了铁盒挡住走道误伤游客，又能在紧急时刻取之十分便利。（图二〇）

图二〇 展厅一角

电梯里电子显示牌也让我觉得很贴心，虽然是1986年改造的博物馆，但是他们依然在不断将科技成分注入到这个博物馆中，给大家带来更多的便利，每到一个楼层，会用橙色显示该楼层的大致展示内容。（图二一）

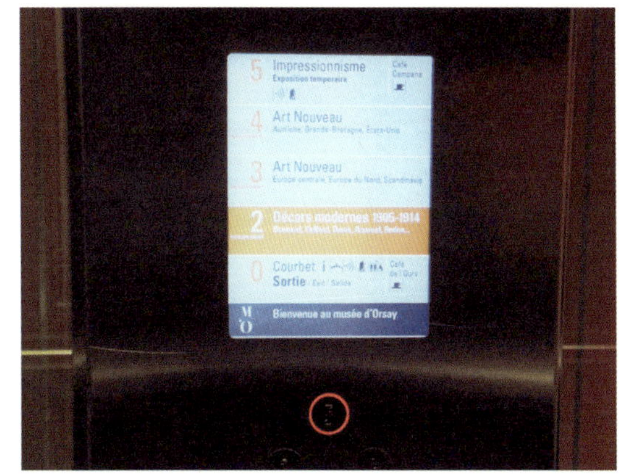

图二一 电梯内显示屏

5. 展品与展馆融为一体

这次在法国两个博物馆所见，除了精美的文物展品外，建筑本身也具有艺术性，无论是文艺复兴时期作为法国的王宫，如今变身成为博物馆的卢浮宫，还是由火车站改造而成的奥赛博物馆，建筑本身整体或是细节部分，都有艺术成分在其中，既与所展出的展品相融合，又没有喧宾夺主，依然突出文物的展示。（图二二）上海博物馆东馆将是全新建造，是否可以结合所要展示的主题如书画、工艺等，在建筑中也添加此类元素呢？

图二二 奥赛博物馆展厅墙壁和顶棚

6. 各种便民设施让观众不再仅仅是观赏

以上这些深刻的感受和体验，让我这样一位外国游客觉得即使票价小贵，也值得去体验、去参观、去学习，享受这精神食粮。

上海博物馆东馆建设在即，希望几年之后，待东馆建成之时，所呈现给广大观众的是更加丰富的文化盛宴，真正学习的课堂、创作的摇篮，成为人们生活不可或缺的一部分。愿博物馆让生活更美好!

2015年米兰世博会展览思考与启示

2015年6月赴意大利米兰世博会场馆运营　徐立艺

每五年举办一次的综合性世界博览会都吸引着全世界的目光，到访的参观者们都期待着在各个展馆看到最先进的科技展示，领略全新的观展体验。各个参展国通过对世博会主题的演绎，向参观者展示国家实力，传播自身价值。尤其是近几年高科技、新媒体的助力，让世博会成为一个色彩斑斓的竞技舞台。另一方面，随着社会、科技的发展，人们每天获得海量的信息，获取信息的渠道也更加多样化。相比几十年前，甚至仅仅十年前、五年前，参展方所面对的观众的文化背景更加多样、知识背景更加复杂，要让观众有一个知识性与娱乐性兼备的参观体验，变得越来越具有挑战性。我们必须看到，世博会已不再是人们获取当今最新科技、文化成果的唯一或最佳平台。从看世博会，联想到我们的传统博物馆其实也面对着相同的挑战。在2015年米兰世博会上，一些展馆在展览理念、展陈手段等方面都相较五年前的上海世博会有了很大的不同，展览的主题演绎更多样化，展陈的手段更是使用了最新的技术，展览的整体策划更贴合当代观众的期待。尽管世博会的展览性质与传统的艺术类、历史类的博物馆展览略有不同，但其中的展览理念、策展思路和展陈手段可以为传统博物馆所借鉴。本文将以米兰世博会的多个展馆展览为例，尝试探讨世博会展览带给传统博物馆及其展览的思考与启示。

一、直面当代问题的主题

2015年米兰世博会的主题是“滋养地球，生命之源”，不少展馆展示了丰富的物产和精美的当地食物，但也有不少展馆对现今人类所面对的各种问题展开了讨论，如环境、平等、贫困、食物供给等。从这些展馆的主题演绎来看，世博会已不是一个单纯的汇集各种新奇玩艺的集市，不再只是各国炫耀他们最新科技发展的一个舞台，而是各个国家探讨人类如何共同应对挑战、汇集全人类智慧的智囊宝库。这些国家跨越了国界线，展现出了博大的人文情怀与真正的大国风范。

除了主办方意大利国家馆外，德国馆是此次世博会上面积最大的国家自建馆。整个展馆丰富的展示内容、全程的互动体验，以及高参与度的小剧场演出，都让德国馆成为世博会上的大热场馆。（图一）德国人并没有在展览中介绍他们的啤酒、猪肘、香肠等公认的传统德国美食，而是将这个任务交给了餐厅。在展馆中，德国馆探讨的是水、土地、环境、生物多样性等多层面的环境问题。每个部分都由一位平凡真实的普通人作为代言人，向参观者讲述他们为改善环境所作的

图一 德国馆展厅

图二 德国馆内的互动游戏

努力：年轻人参与海洋的清洁；农民通过饲养蚯蚓来改善土质；孩子们参与植树，并告诉人们不要等待，从现在就开始行动；农场主号召全世界关注、支持小业主，从而增加就业、增加农产品的供给……代言人们通过这些他们亲身实践的项目，以及场馆内一个个有趣的互动体验，带领参观者重新学习、审视、思考环境问题，从而认识到人人都可以成为环境大使，从身边做起，改善环境，爱护地球，让每个人都成为“滋养地球”的动力源。（图二）

同德国馆一样，美国馆也将食物交给了他们的户外餐车，而在展馆内探讨了食物公平性的政策问题，并邀请了时任总统的奥巴马夫妇担任代言人。如何让所有人，尤其是儿童，都有公平的机会获得营养丰富的食物。健康、安全、营养均衡的食物不意味着必须付出更多的金钱，也不应该成为某一人群的特权，更不可以因为所获得的食物不同而将人们划分出隐形阶级。有钱人可以买到进口食品、有机食品，有权人可以吃到特供食品，难道穷人只能吃有安全问题、营养问题的食物吗？而如今，一个又一个被曝光的触目惊心的食品安全问题，让现今的人被迫接受价格高昂的健康、有机、安全的食物，甚至在雾霾肆虐的时候，有人会高价购买进口空气，而我们似乎遗忘了空气原本如同阳光一样，应该对所有人都是免费的。如果静下心来思考美国馆提出的主题，我们确实可以发现这样的现实问题已经撕裂了我们的社会，造成了不易察觉的隐形的贫富差距。美国馆告诉观众，一个政府必须为每一个社会成员提供可以获得健康食物的平等机会，从政策层面保障每个人都得到“滋养”，让参观者看到了政府的责任担当。（图三）

德国馆、美国馆以及其他许多馆，都将单纯的食品摆到一边，与参观者积极探讨全人类共同的挑战。我们从这些展馆中看出，对食物本身的讨论——它的历史、传统、原料、口味、制作——固然也会很有趣，但在世博会这个国际性的大舞台上，是否有些“大题小做”。食物背后的人群、土壤、环境、水、公平、供应等等一系列问题，才是值得所有人深思，关乎地球未来、生命本源的重要命题。

除了传统实力大国，有些“小国”的展馆也让人耳目一新。安哥拉馆中最重要的一件展品，应该是在展厅正中间高达两个楼面的猴面包树装置。在非洲文化中，猴面包树被认为是“生命之树”，因为它们可以保留水分、滋养生命，可以用作食物，也可以治疗疾病。这棵特别的猴面包树树干由多块屏幕组成，树枝一直延伸到展馆的各个楼层，每隔12分钟这棵的“生命之树”将联动展厅内的音乐、灯光、音响一起上演一出讲述安哥拉的自然、历史与传统的多媒体影像表演。而最重要的是，在这棵生命之树树干的屏幕上，滚动播放着十几位安哥拉女性的视频。她们坐在简单的布景前，用最自然的姿态向观众讲述她们的故事。她们是学生、老师、演员、医生、律师、作家、建筑师、艺术家，她们以自己的亲身经历来告诉观众，安哥拉女性地位的提高、女性角色的转换以及她们为赢得尊重而做的努力与奋斗。（图四）也许很少会有观众期待在安哥拉馆看到这样的内容，但这的确是展馆内非常震撼人心的一个展项。女权问题尽管在一百多年前就被提出，并在一个多世纪的发展过程中解决了如选举权、继承权、教育、就业等问题。然而在新时代中，这个问题始终面临新的挑战。无论是乌克兰女权主义者表达各种政治诉求的裸体游行，还是近来中国政府全面开放二孩政策而在社交媒体上引发女性对生育权、养育责任和未来职场竞争的担忧，都是在社会进一步发展下，女性对自己新的认识而引发的新的思考。一个国家要健康发展，必定要面对并处理好男女平等问题以及如何提高女性的社会地位。在

图三 美国馆展厅

图四 安哥拉展馆内的猴面包树展项

这个展馆中，观众听到了这个国家女性发出的声音，看到了一个自信并且有未来的群体。如今的安哥拉被认为有潜力成为非洲最富裕的国家，这一定与该国的女性地位提高是分不开的。正如猴面包树没有差别地公平滋养每一个人，经济发展的成果也应该为社会每一位成员所分享，每一位成员的成长也必定会促进经济的发展、社会的进步。

在本次世博会上，我们看到一些展馆挑战了具有当代社会意义的世界性问题，他们的展示从实物的陈列走向了理念的探讨，更进一步由理念深入到实践，积极与参观者们讨论了“滋养地球，生命之源”这一主题的深层涵义，从着眼于自己国家到走向全世界，体现出了他们对全人类的关怀。

二、全新的展陈语言

在陈列方式或展陈语言的创新上，许多观众都对韩国馆印象深刻。新颖的展示手法不仅仅是展陈方式的高科技，更重要的是能给观众带来全新的甚至是颠覆性的体验，尤其是当所阐述的对象是大家耳熟能详的事物，通过与声光电的新科技结合，传统与现代的对比更显强烈。

韩国馆的主题就是最具韩国特色的传统食物——泡菜。然而在展馆中，观众并没有看到各种泡菜的实物，韩国馆以非常“不传统”的理念和演绎手法来阐述这个主题，让这个朴实无华的食物焕发出全新的容颜。一进入韩国馆，参观者看到的是几组现当代装置艺术。（图五）艺术家通过这些装置向观众提了三个问题：我们吃什么？怎么吃？如何滋养地球？参观者都驻足在这几组装置艺术前，仔细观察，静静思考，试图发现艺术家想传达给观者的讯息。不同于古代文物或经典大师作品，现当代艺术本身具有很强大的开放性，每个观众在现当代艺术面前都有相对平等的话语权。观众更敢于评论，更容易将个人感受、个人理解附加在这些艺术品上。许多现当代艺术家也将观众的理解和反馈当作他们作品的一部分。这种需要观众进行思维再创作的过程，让观众带着问题参观展览，使观众更深入地融入到展览的内容中。

图五 韩国馆内的装置艺术

接下来观众将进入“食物的交响乐”展厅，韩国馆用机器手臂控制的移动屏幕播放了一段泡菜的制作过程。视频的内容摈弃了一般美食影片按制作工序先后的拍摄方式，而是使用了简洁明快的动画图案，配合十分具有科技感的声、光、电、影的效果，让整个展厅充满了未来感。（图六）整部影片没有一句台词，却在短短的三分钟内就让泡菜的制作过程、营养价值形象地呈现在观众面前，其舞台效果令人震撼，完全颠覆了泡菜的传统形象。可以说韩国馆在展陈手法上确实有了突破性的思考，这源于他们对自己传统的热爱和深入理解，也源于对新科技应用的充分考量，才能将传统与高科技有如此完美的结合，使观众在展馆内看到了一种强大的文化自信。

图六 韩国馆内的机械手臂视频演示

如今每一个博物馆无论大小，都在热烈地谈论数字化、高科技、互动体验，从各种智能终端的应用程序、触摸屏、3D打印、4D电影，甚至是时下大热的虚拟现实或增强现实技术，到声、光、电、影的多媒体展示手段或者浸入式的体验，层出不穷、眼花缭乱。如何让现代科技为我们的展览服务、为展品服务、为观众服务，最根本的挑战还是源自于我们对展品、对展览主题、对观众期待的了解。传统的博物馆应该摆脱单纯的罗列式、教科书式的陈列方式，站在现代社会和现代观众的角度，使用新的展陈语言，对传统、历史与文化尝试全新的解读。然而我们不能单纯为了技术而技术，为了“新”而“新”。这就需要博物馆建立“容错”机制，鼓励年轻人或专业人员提出、尝试他们的创新想法，或使用之前从未使用过的展陈方式，从某一个小型的展陈项目或公众教育活动起步，逐渐搭建起“试错”平台，并积极获取观众反馈，在实践、修正、再实践的过程中摸索出适合博物馆的展陈新语言。

三、“现代”与“古代”的连接

在世博会上，许多国家都会在展馆内介绍自己国家丰富的物产、悠久的历史或者灿烂的文化。而在世博会之外，艺术类展览，尤其是古代文明、古代文化的展览也在悄然发生着变化。

墨西哥馆的一个展项，是在一件有着五百多年历史的休奇皮里石像的周围陈列三件21世纪的当代雕塑品。（图七）休奇皮里石像来自阿兹特克文明中掌管艺术与丰收之神的传说。三件当代雕塑艺术品由近似蛋壳形的整块黑曜石构成，底部粗糙，上部雕琢精细，表面抛光，如同黑色的果冻一般。墨西哥盛产黑曜石，在阿兹特克文明中黑曜石成为重要的工艺品、祭祀用品的原材料。雕塑下部粗糙的那一部分，代表着墨西哥过去的文明，原始、粗犷、神秘；而光滑细致的上半部分，代表墨西哥的现在，繁荣而现代。通过这些黑曜石雕塑品，艺术家在此探讨古代的墨西哥及其传统就是现代墨西哥的基石，而这些雕塑的本源就是它们所环绕的休奇皮里石像。参观者在这里看到了墨西哥对他们文化传统的珍视与继承。当代的艺术家并没有为求特立独行而背弃古代文明，当代艺术也没有脱离古代传统而成为无本之木。古代与现代，两者紧密结合，成为一体，不可分割。

在米兰世博会举办期间，米兰王宫举办了“列奥纳多·达·芬奇1452—1519”展，展览汇集了来自意大利、美国、英国、法国、奥地利、德国、以色列、梵蒂冈等几十家博物馆二百多件达·芬奇的绘画、手稿，以及与他同时代的画家和他的追随者们的画作，可以说是近年来规模最大的达·芬奇展。展览共分为12个部分，前面的11个部分主要讨论的是达·芬奇作为艺术家、科学家、音乐家、发明家，在艺术、建筑、科学等多领域跨学科的兴趣、智慧、梦想与成就。而最后一部分“列奥纳多的迷思”探讨了达·芬奇对后世和当代的影响，展出了包括柯罗、安迪·沃霍尔、恩里科·巴伊在内的现当代艺术品。其中最多的是对《蒙娜丽莎》的模仿、解构与再创作。达·芬奇与他的《蒙娜丽莎》成为了一个巨大的文化符号和无法避开的文化现象，每一个学习艺术、从事艺术相关行业的人都不能忽略或跳过他与“她”。最后一部分的现当代艺术将五百多年前的达·芬奇“复活”到了现代，引导观众思索达·芬奇500年来的不朽影响，呈现了达·芬奇及其艺术的强大生命力，也解释了为什么在几百年后人们依旧孜孜不倦地追求达·芬奇的艺术境界，为什么在21世纪人们还要举办这样一个全方位探讨达·芬奇的展览。同时，这个开放性的尾声也为展览创造了可以不断延续的讨论话题。

图七 墨西哥馆内休奇皮里石像与当代雕塑一同陈列

其实我们可以注意到，国外博物馆举办的艺术类展览中越来越地将古代与现代连接在一起，现当代艺术已经成为任何一个艺术类展览都不能忽视的艺术层面。将现当代艺术纳入古代艺术展览中，尤其作为展览结尾部分的回顾与展望，已经并不是什么新奇的手法，这已是全世界艺术类博物馆、艺术类展览比较通行、“安全”的做法。我们的邻国已经开始了这方面的尝试。2014年韩国国立中央博物馆在其韩国历代青花瓷的展览上，最后一部分留给了韩国当代艺术家创作的油画和青花瓷器，参观者在看到这一部分时，可以发现某幅现代油画的颜色与笔触原来是来自几百年前的青花瓷，而某件现代青花瓷器的形状、纹饰也是继承了过去的传统。（图八）原来过去的文物并没有随着时间的流逝而停滞或“死亡”，它们以另一种形式在当代依旧生生不息。通过这样的呈现与对话，观众看到古代文化在当代的兴盛，必定也会对自己的传统文化更有自信。如同韩国馆一样，作为一家国家博物馆，能够大胆地引入现当代艺术，是这个国家对自己的传统文化在现代社会中继续发展、继续被现代文明所接纳的信心表达。另一个很有代表性的展览是引发诸多讨论甚至多方质疑的美国纽约大都会艺术博物馆的“中国：镜花水月”展。王家卫、迪奥、晚宴、青花瓷、走秀、圣罗兰……这些名词的大胆组合大概就已经突破大多数中国博物馆的想象了。这样的展览基于博物馆自身强大的实力，也体现了博物馆的大气和包容。博物馆应该将各个时期、各个民族文明中最重要、最精华的部分呈现给观众，但现代的博物馆不应故步自封，而应积极应对时代的变化、人们审美与期待的变化，以及各种艺术潮流的涌现，对任何一种现当代艺术形式与展陈方式更有包容心，让大众来思考，让时间来评判。博物馆不应该成为专家学者们来评判什么是“好艺术”？、什么是“不好的艺术”？的闭门会议室，它应该是一个呈现多样性与可能性的开放课堂，这才是博物馆的“博”字的意义。大都会艺术博物馆的馆长托马斯·坎贝尔也曾在一次参访中说：“近年来，特别是这20年来，全球化越来越明显，数字化通讯越来越频繁，艺术史也必须更加包容，必须从多方面的角度来观察……学习如何变得更加开放，也是一件值得兴奋的事。”

图八 韩国国立中央博物馆青花瓷展上的现当代油画与瓷器

要在古代艺术类的展览中融入现当代艺术，对于传统博物馆来说是一个不小的挑战，也因此更考验博物馆策展的眼光。恰当地选择现当代艺术，有机地将它们整合在展线中，不仅可以使展览主题的某个艺术家、某个艺术现象表现地更加丰满，而且使展览更具有包容性、开放性，让观众看到历史的延续和传统文化的生命力，同时留给观众思考与讨论的空间。

在2015年的米兰世博会上，我们看到越来越多的展览从以展品为中心，转换到以“人”为中心，注重参观体验，运用新颖的展陈语言，讲述“人”的故事。2012年《国家文物局关于加强博物馆陈列展览工作的意见》中指出：博物馆要“适应社会文化生活的新特点和人民群众的新期待，强化陈列展览策划的观众导向原则，把知识性、趣味性和观赏性有机结合起来，增强陈列展览的表现力、吸引力、感染力。”传统的博物馆应当思考改变模式化的策展思路、陈旧的展陈手段，容许他们的专业人员做大胆创新的尝试，积极思考历史与现今、传统与现代的关系与互动，宽容对待、接受各种新的艺术形式，运用更现代、新颖的展览手法与语言，给现今的观众带来深入、全新、启发思索的观展体验，为传统博物馆注入新的生命力，从而更好地履行收藏、研究、保护、展示代表自然和人类文化遗产实物以及服务公众、教育社会的重要使命与责任。

宝岛漆踪

2015年10月赴中国台湾地区考察学习　包燕丽

2015年10月25—29日，笔者应台北故宫博物院及鸿禧美术馆等邀请，前往中国台湾地区考察漆器，收获良多。

台北故宫博物院

10月26日，考察台北故宫博物院藏漆器。台北故宫博物院所藏漆器多为清宫旧藏，种类丰富，流传有绪，是传世漆器重要的组成部分。2008年他们曾举办过一个漆器专题展览，出版了《和光剔彩——故宫藏漆》一书，系统地披露了藏漆情况。台北故宫博物院收藏漆器约七百件，虽然数量远远少于故宫博物院，但多为传世精品，类别有雕漆、填漆、螺钿、莳绘等，尤以雕漆数量最多，其中剔红、剔彩为大宗。除了极少量元代漆器外，绝大多数为明、清漆器，更以清代为多。

因为台北故宫博物院规定，每次只能申请提看十件文物，所以当天陈慧霞女士也就根据笔者事先申请内容，稍作调整（有的正在展出），提取了相应的十件漆器让我观摩。这些漆器为：明早期剔红莲花圆盒（故漆381）、永乐款剔红牡丹圆盒（故漆469）、永乐剔红花卉长颈瓶（故漆468）、永乐剔红山水人物圆盒（故文77附件）、永乐剔红双狮戏球圆盒（故漆383）、永乐款剔红菊花圆盒（故漆470）、明中晚期剔红放鹤图圆盒（故漆25）、明嘉靖剔黄龙凤花卉纹圆盘（故漆272）、宣德款剔红葡萄椭圆盘（故漆471）、剔红花卉纹大圆盒等。这些雕漆除一件没有故宫编号比较特殊以外，其他都有编号，也已发表过。其中多数是永乐款，但是刻款的部位及字体各不相同，也就意味着刻款的年代其实是有差异的。即使在器型相同、题材相似、剔刻风格相当的同样部位刻相似的永乐款，台北故宫博物院的专家亦认为是有年代差异的，这就很有意思了。此番考察就是为了探

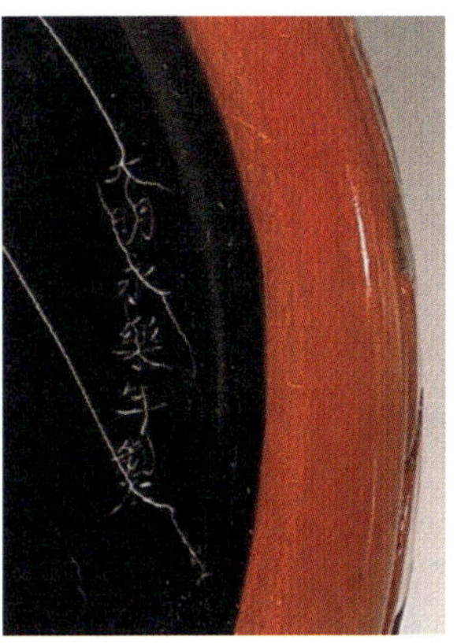

图一

图二

讨这些问题，以作比较研究。

永乐剔红花卉长颈瓶（故漆468），高16.3厘米，腹径9.2厘米（图一，采自《和光剔彩》）。瓶雕四季花卉，瓶内髹褐漆，底髹黑漆。底右侧刻“大明永乐年制”款。从花卉的雕法和较为成熟的花蕾锦地看，似乎没有大英博物馆的剔红长颈瓶那样古朴，更接近永乐风格，虽然其底和款应该是后髹后刻的。那么，为何此永乐款不像其他永乐款那样刻在左边呢？李经泽、胡世昌先生在《洪武剔红漆器初探》（《故宫文物月刊》第十九卷第四期）一文中曾经指出，这一类的漆器“足内的针划款有可能是在永乐时期将南京宫中的漆器北运前，不论是洪武或永乐时期所造者，一律仿前代的落款风格，用针划上……”在没有更多证据之前，也许这是一种合理解释。

永乐款剔红牡丹圆盒（故漆469），高7.8厘米，直径26.5厘米（图二，采自《和光剔彩》）。此盒盖面雕牡丹花，边壁雕四季花卉，黄底漆，近底三分之一处有黑漆层一道。盒内及底均髹褐漆，底左侧针刻“大明永乐年制”款。盖内加刻填金楷书：“漆已十人谏，加雕应若何。增华惊后世，信鲜挽回波。花映祥曦暖，叶承瑞露多。细针镌永乐，谁与护而呵。乾隆壬寅御题。”后有篆字印款：“古稀天子。”从永乐款笔画连着裂纹的迹象及加刻的乾隆题跋分析，此款或为乾隆时期后刻。至于此器的年代，《和光剔彩》第33页：“花茎连结隐约，关系不显。叶片夸张外扬，占据画面，约成十字形安排，叶片与叶片间，常形成不自然的曲折平行线，花瓣的凹凸也显得十分强烈，枝叶的层次感近乎上下两层，整体上有一种紧强感，虽然漆色红润，漆层坚实，刀法利落，叶脉和瓣脉阴刻线流畅，具有永乐的特质，但是却与永乐常见的雍容不同。”因此，台北故宫博物院的专家认为此器属于15世纪，并晚于永乐。

对于这一观点，笔者尚不能苟同。

15世纪晚于永乐的朝代是：洪熙（1425）、宣德（1426—1435）、正统（1436—1449）、景泰（1450—1456）、天顺（1457—1464）、成化（1465—1487）、弘治（1488—1505）。这其中洪熙仅一年，可以忽略不计；宣德雕漆多有自己的年款，而且时代特点也较明显；弘治也发现了几件有年款的雕漆，风格迥异；剩下的就是正统、景泰、天顺、成化这四个朝代了，一般将它们划入明代中期。虽然这几个朝代的雕漆没有年款，但明代中期的雕漆风格以往是有基本共识的。

故宫博物院张荣在《古代漆器》（211页）一书中指出："明中期雕刻风格有的保持了早期磨工圆润、藏锋清楚的特点，而有的作品则出现了锋棱不够圆熟的特征……此时，雕漆一般髹漆不厚，与早期那种髹漆层次厚、立体效果较好的风格略有不同。""另一方面，无论是花卉题材或人物故事题材的作品均刻有锦纹，早期黄漆素地之上压花的做法几乎荡然无存，从而形成了锦上添花的表现手法。"笔者虽不能苟同其绝对化，但至少说明了其普遍性。

从此器的器型、题材、剔刻方法、色泽等方面分析，笔者认为其不会晚于永乐时期。至于同一时期剔刻风格的差异，可能是由于不同地区、不同流派、不同工匠所制而造成的吧。

鸿禧美术馆

鸿禧美术馆的漆器没有出版过专门图录，以往并不了解。10月26日前往观摩，得到廖桂英女士、史彬士馆长、舒佩琦研究员等热情接待，他们的漆器收藏据说并不是很多，但那天从早到晚一共提看了22件，并与他们探讨交流，意外收获了有关外销漆器和日本漆器的知识，甚感欣喜！

这批漆器以雕漆为主，仅二件螺钿器，一件彩漆。年代以南宋—元代的剔黑孔雀牡丹纹圆盒最早，另有二件15世纪的剔红人物盘；二件15世纪的剔犀器，一黑面，一朱面，后者造型少见，为钟形圆盒。明代中晚期的漆器约有五六件，其中二件有万历款，一件为剔红双螭纹圆盘，另一件为剔红双龙戏珠纹方盘；一件有嘉靖款，为剔红鹤寿纹大圆盘。其余多为清至民国时期的漆器，三件是有乾隆款的剔红器；还有数件日本漆器。

南宋—元代剔黑孔雀牡丹纹圆盒尺寸很大，直径有32厘米，盘内雕孔雀牡丹纹，纹饰疏朗，盘外壁雕香草纹。黑漆层较厚，间有朱漆层，底漆为橘红色，外底髹黑漆。剔刻精细，打磨圆润，漆质非常好，由于年代久远，裂纹处亦形成了包浆，是一件难得的珍品。

剔红人物纹花形盘，直径18厘米，高2.3厘米，盘心开光内雕人物纹，开光外雕四季花卉，口沿缘以花草纹。外壁雕香草纹，圈足雕回纹，底髹黑漆，为后髹。这是一件处于元明交替时期的作品，既有元代雕漆的特征：四季花卉、香草纹、花草缘边，又有明代早期风格，主题图案下面已都有锦地，但锦地尚不成熟，有早期特征，香草纹也已处于变化之中，为研究转型期的剔红器提供了重要的标本。

剔红人物纹三叠海棠形盒，漆层较薄，锦地等模仿早期样式，剔刻虽规整，却并不精到，盖上的人物纹接近中国样式，而四壁开光内雕四季花卉的样式是没有见到过的。舒佩琦研究员认为是17世纪日本定制的产品。

黑漆嵌螺钿人物纹二叠八角盒，盖面为读书图，斜肩部位嵌仙鹤及四季花卉，器壁为二十四孝图，圈足饰八宝纹。内髹褐漆，底髹黑漆，有朱书"大一"竖款。从纹饰及镶嵌工艺看，应该是明代晚期的作品，但钿片五光十色，与传世的明代螺钿器不同。史馆长认为是明代中晚期为销日本而制作，表层漆是日本人后髹的。笔者以为不排除是琉球制作的可能。

日本漆器以往关注甚少，近年来因为国内市场经常以此充数，不得不引起重视。观摩中若干实物正好提供了学习研究的机会。

剔黑凤凰花卉纹花形盘，长32厘米，宽28.2厘米，高4.5厘米。盘内雕凤凰花卉纹，盘外壁雕花卉纹，圈足有旋纹，底髹黑漆。初看类似14—15世纪的雕漆，但仔细观察会发现，无论是鸟的样式还是花卉，都与传统样式有别。此盘看上去像牡丹的花卉，实际既无牡丹的花蕾，又无牡丹的叶子；漆层虽不厚，但上手感觉重；底漆非传统的黄色，而是桔黄色；雕刻技法虽然很成熟，但线条呆板，形象不生动；漆质非常好，雕漆部分全无元代雕漆自然开裂的纹路和包浆；图案内外组合也不对。这应该是一件日本雕漆，年代不会早于19世纪。

剔红花卉纹八角盘，直径32厘米—34厘米，高3.2厘米。此盘用两种工艺制成，盘内为剔红，盘外是嵌螺钿。盘内锦地上雕湖石花草图，还有一只小鸟穿梭其间，内壁雕菊花纹。盘外壁为黑漆嵌螺钿工艺，镶嵌菊花及宝相花纹。这样两种工艺结合的漆器在传世中国漆器中极其罕见。另外，无论剔红还是螺钿花卉的图样组合也与中国传统纹样不符。笔者第一感觉这是一件日本漆器，这一观点也得到史馆长的认可，他认为是18—19世纪的作品。

双清文教基金会

10月28日，观摩洪氏双清文教基金会所藏漆器。此基金会由洪三雄先生创立，近年来收藏了很多种类的文物，也是中国台湾地区漆器收藏的后起之秀，所藏漆器数量可观，珍品较多。当天，由秘书接待，观摩了主要由我自己挑选的22件雕漆，其中半数属宋元时期，其余多永宣时器，真可谓大饱眼福！

南宋剔黑莲子纹盒，直径9.2厘米，高3.8厘米。盒子仿莲藕形状，中间雕莲蓬，有莲子十颗，边缘雕莲叶，仰覆莲均11瓣。纹饰布排紧密，漆层虽不厚，但漆质甚好，剔刻非常精细。

南宋剔黑花卉纹圆盘，口径17厘米，高2厘米。此盘圆心光素，髹黑漆，外围朱锦地上雕缠枝宝相花纹，盘沿雕回纹和卷草纹。盘外壁雕回纹、莲瓣纹和小草纹，底髹黑漆。从盘心设计看，应该是茶托。整器漆质非常坚硬，剔刻十分精细，从底层至表面，有多层色漆：朱、黑、黄、黑、黄、黑，表面黑漆层中略微磨显出底下的黄漆层，两者交融，泛绿色。

南宋剔红双鸟花卉纹圆盒，直径14.5厘米，高4.8厘米。盖连肩式，盖面雕凤凰花卉纹，边壁雕四季花卉。雕漆呈枣红色，表面漆层有细微裂纹，黄漆地后髹，盒内及底均髹黑漆。从盖内裂纹分析，此器受过很大伤害，后经精心修理而成，所以边缘花朵后配较多。尽管劫后重生，此器仍然保存了早期雕漆的风格特征，构图生动，富有变化，没有陷入程式化的模式，是南宋雕漆的一例杰作。

剔红人物纹圆盘，口径18.8厘米，高1.7厘米。盘内锦地上雕山水人物图，盘壁雕莲瓣纹。口沿较宽，雕卷草纹。外壁口沿雕回纹，器身雕卷草纹。此器的装饰方法十分独特：从边壁等纹饰看，应该与前器相同，属于宋代样式，但盘内已出现成熟的天、地、水锦纹（地锦花叶仅四瓣，属于早期样式）又属于明清样式；盘外壁雕刻纹饰表面平如印版；盘心梅花上尚留些微金粉（据说原来很多，黄底上都有，后被藏家清除），非常罕见（仅看到故宫博物院发表过一件明代中期剔红送行图方盘有“漆地涂金”的现象，载《元明漆器》图95），值得研究。这是独一无二的器物，其年代可能介于元明之间。

图三

洪氏藏品中两件永乐—宣德时期的龙纹圆盒很有意思。

一件是剔红龙凤纹圆盒，直径18.5厘米，高6.5厘米。盖雕龙凤呈祥图案，间隙及器壁均雕云纹，漆色较暗，盒内器底均髹黑漆。底左侧有“大明宣德年制”刻款。

另一件是剔红云龙纹圆盒，直径23厘米，高6.5厘米。盒盖雕云龙纹，器壁雕云纹。红色鲜艳，器内及底均髹黑漆，底有“大明宣德年制”填金款，压在“大明永乐年制”针划款之上。仔细观察，发现此器上下不一，从器壁同样纹饰看，下面的器壁剔刻细腻而生动，上面的盖壁模仿迹象明显，亦步亦趋，有的还稍有差池。盖面所雕龙纹，属于侧面游龙形状，确实是这个时期的标准样式，正好与前面一件宣德款“龙凤圆盒”中的龙纹属于同一类型，两相对比，差异立显。前者龙身细长，劲健有力；后者雍肿虚胖，脱形失神。对比我馆藏品中一件宣德剔红云龙纹圆盒（图三），则仿作之实一目了然。这不是一个时代的作品，器盖最有可能是乾隆时期后配的。

还有一件嘉靖款的剔红狮纹圆盘也很有意思。此盘是一件杯托，口径17厘米，高2.3厘米。盘内雕狮子戏球图案，周边是飘带和杂宝等，口沿有凸起的旋纹，为仿元代样式。盘外壁雕花草纹，外底髹黑漆，有“大明嘉靖年制”横款（与嘉靖款的常见样式不同，也没有填金，文字的位置及书体也不对，可能为后加款）。这件器物初看与嘉靖风格的雕漆相似，但细看就发现雕刻的凹陷处，积尘甚多，黑乎乎的，几乎看不出刀法，更看不出底漆的颜色。用放大镜观察其裂纹处，豁然发现雕漆层仅为表面薄薄的一层，下面居然是雕的木胎。分析其工艺，应该是在较厚的木胎上髹漆数层，再加以雕刻，雕好以后再上漆来掩盖刀口处的木纹。虽然款可能是后加的，但从其雕刻风格判断，此器制作年代还是应当属于明代晚期。

此次台北之行，共考察漆器54件，看到了一些心仪已久的器物，十分难得，对本人的漆器研究有很大帮助。此外，还参观了台北故宫博物院的基本陈列及临时展览，拜访了历史博物馆等单位，与同仁作了交流，增进了彼此的了解。虽然时间仓促，但还是很有意义。

日本田野考古与博物馆的运营与管理

2015年11月赴日本交流访问　王建文

作为上海博物馆与日本奈良国立博物馆的合作项目，双方互派人员赴对方文博科研机构进行学术考察，以期增进学术交流与开拓视野。2015年11月24日至12月3日，考古研究部陈杰、王建文二人赴日进行学术交流。（图一）

学術交流に関する協定に基づく招聘について

平成27年度　上海博物館　学術交流（秋）交流日程

2015/11/27 版

月日		主な訪問	随行	通訳	宿着	公用車	AM	PM	夜	アポイントメント済	宿泊
11月24日	火	奈良	堀内	馬冉冉		ワゴン車(森本)	上海—奈良MU225 320 9:05 上海浦東-12:10 大阪関西		夕食(野尻)		奈良(ホテル葉風泰夢)
11月25日	水	奈良	宮崎	王菲(9:00新大宮駅)		ワゴン車(森本)	東大寺東塔ほか	唐招提寺、(薬師寺)、法隆寺	館長招宴　通訳同	東大寺東塔9:20東大寺南部氏	奈良(ホテル葉風泰夢)
11月26日	木	奈良	吉澤	サラナ(10:00近鉄奈良駅)		ワゴン車(森本)	平城宮跡資料館、奈良国立博物館	橿原考古学研究所附属博物館14:00		橿原考古学研究所附属博物館(14:00 附属	奈良(ホテル葉風泰夢)
11月27日	金	兵庫	岩井	馬冉冉(9:30近鉄奈良駅)		ワゴン車(森本)	白鶴美術館、(神戸市立博物館)、(拯	京都市埋蔵文化財研究所15:00		京都市埋蔵文化財研究所15:00	奈良(ホテル葉風泰夢)
11月28日	土	大阪	堀内	黄家玉(9:50新大宮駅)	10:00		奈良国立博物館　10:30ごろ(岩戸挨拶)、(大阪歴史博物館)、大阪市立美術館、				奈良(ホテル葉風泰夢)
11月29日	日	京都	伊藤	黄家玉(9:50新大宮駅)	10:00		京都国立博物館、金閣寺				奈良(ホテル葉風泰夢)
11月30日	月	京都	堀内	サラナ(9:00近鉄奈良駅	9:10	ワゴン車、森本さ	奈良文化財研究所9:30(～12:00予定)	京都大学　北白川　岡村研究室15:00 (二条城)、(平安神宮)		奈良文化財研究所9:30、 京都大人文研15:00	奈良(ホテル葉風泰夢)
12月1日	火	兵庫、	堀内	サラナ(10:00近鉄奈良駅)	10:10	公共交通機関	神戸市埋蔵文化財センター	姫路城	姫路→福岡		博多(八百治博多ホテル
12月2日	水	福岡	堀内	曹(九州大学宮本研究室学生)(8:00 ホテル)	8:00	公共交通機関	九州国立博物館	九州歴史資料館(加藤氏または小林氏)、九州大学宮本研究室		・九州国立博物館(バックヤード：今津課長、文化交流展)通訳　国際交流員　崔英花氏　9:30-11:30(予定) ・九州歴史資料館 13:00-15:00(予定) ・九州大学　宮本氏 16:00@研究室	博多(八百治博多ホテル
12月3日	木	福岡	堀内	曹(九州大学宮本研究室学生)(9:00ホテル)	9:00	公共交通機関	福岡市埋蔵文化財センター(田上氏もしくは上角氏)		福岡—上海 MU5088 320 18:15 福岡-18:55 上海浦東	・福岡市埋蔵文化材センター　10:00-12:00	

※赤字はアポイントメント済のため、動かせません。

※(カッコ)内はビザ書類に書いていないため、省略可。

特に希望する行き先(上海博物館→岩戸)				
都道府県	施設			アポイントメント
奈良	奈文研	:今井晃樹氏		済(岩戸)→11/30
	文化財調査セン	:山崎健氏		済(岩戸)→(11/27まで出張)。11/30予定が会えば今井氏とあわせ面会可能。
奈良	原考古学研究	:菅谷文則氏		済(岩戸)→11/26
京都	市埋蔵文化財研			済(岩戸)→11/27
京都	京都大学	:　岡村秀典氏		済(岩戸)→
兵庫	市埋蔵文化財セ			未(岩戸)
福岡	九州大	:宮本一夫氏		済(鳥越)→12/2

图一　访日行程

图二　橿原考古所陶器修复

图三　世界文化遗产——平城宫

图四 世界文化遗产——唐招提寺

图五 世界文化遗产——金阁寺

图六 世界文化遗产——大阪城

本次考察交流活动共计十天，我们事先进行了详细的行程规划，周末也不休息，希望能充分利用时间，尽可能多参观一些感兴趣的博物馆与科研机构。本次考察分布于奈良、兵库、大阪、京都等地，主要为三类，分述如下。

1. 文化埋藏财、考古所：京都埋藏文化财、神户埋藏文化财、福冈文化埋藏财、九州历史资料馆、橿原考古所、平城宫迹资料馆。（图二、图三）

2. 博物馆、寺院、美术馆：奈良国立博物馆、大阪历史博物馆、京都国立博物馆、九州国立博物馆、东大寺、法隆寺、唐招提寺、金阁寺、二条城、大阪城、姬路城、三十三间堂、白鹤美术馆、泉屋博古馆。（图四、图五、图六）

3. 大学与研究所：奈良文化财研究所、京都大学人文科学研究所、九州大学。

日本的埋藏文化财相当于中国的考古所，但是其主要承担的是配合基本建设的考古发掘，以课题为导向的主动科研发掘则主要是以大学的考古系为主，这一点有别于国内的考古发掘机构。日本的埋藏文化财，从事野外发掘和室内整理的是两批人，这样做的好处是发掘资料可以快速整理发表，不至于拖延。缺点是整理报告的人对现场缺乏直观的感受，有可能遗漏部分信息。

日本的考古发掘，项目负责人为各地的考古所，具体发掘工作一般都由考古公司来承担，如测绘、照相、遗迹的清理等，运土工具有的则使用传送带。考古公司的人员长期从事考古一线工作，训练有素，效率很高。我们国内的发掘，一般是到一个地方，就雇佣当地的民工，要花一段时间才能使他们熟悉工作，而且工人素质也参差不齐，往往等他们完全熟悉工作了，一个工地的工作也快要结束了，再换一个地方，又要重新培养工人，费时费力。（图七）

图七 东大寺东塔考古现场

对发掘资料的核实、清点、清洗、拼对复

图八 橿原考古所的资料室

图九 奈良文化财研究所的库房

图一〇 东大寺东塔考古三维扫测

原、观察和测绘、摄影、建卡记录、存档等技术性工作要求非常规范与严格，就像是工厂的流水线，相较之下我们还像小作坊。对文物的保护也十分严格，每个考古所都有一整套保护设备，包括CT、X光机、电子显微镜、真空冷冻干燥机等，对木器、金属器等都有特殊的库房，保存条件非常好。（图八）

我们参观了奈良文化财研究所，他们的动物考古、树轮年代、瓦当标本数据库非常完备，不仅收藏了奈良本地的材料，而且也负责日本各地考古材料的鉴定与研究。（图九）

九州国立博物馆对文物的科技保护力量非常强，有各种各样的仪器，与我们的文保中心也有很多交流关系。但他们有一个特点，就是免费给全国各地的文物收藏机构做文物体检、CT扫描，然后数据共享，同时也可以将文物留下来做展示。其实他们自己本身的藏品非常少，大部分都是以这样的方式借展的。我觉得这是一个很好的模式，是一个可持续的发展模式，展览更新非常快，达到双赢的效果。

日本考古学的发展较西方略为迟滞，20世纪80年代由日本文化厅发表的田野考古技术的指导性工作手册——《地下文物发掘调查手册》中，罗列的主要田野考古资料整理工作为发掘资料的核实、清点、清洗、拼对复原、观察和测绘、摄影、建卡记录、存档等技术性工作，而没有对资料的分析研究提出任何要求。一项田野考古工作提供的资料可否在今后的研究中充分发挥作用，不仅是由报告质量决定的，而是更长远地依赖考古资料是否得到妥善收藏管理和开放。（图一〇）

中国考古学发展将近百年，学科的集体反思也是自觉发生。从陈星灿的《中国考古学史》、陈洪波的《中国科学考古学的兴起》、徐坚的《暗流》和孙庆伟的《追迹三代》《手铲释天书》《记忆北大考古口述史》《夏鼐日记》及其他考古学者的传记采访资料的发表，学术史的梳理取得了很大的成绩。当然，考古学史的反思，也是建立在对晚清与民国学案研究的大背景下——如田旭东、茅海建、桑兵等众多大家做出的不懈努力。

目前，在田野发掘技术上，我们与国外的差距正在缩小。发掘技术也是最容易提升的部分，但是在信息提取、资料保管与整理方面，我们与国外的差距还很大，绝非个别学者所说的中国文科只有考古学在国外很受尊敬，其实这是个自欺欺人的伪命题。即使有个别学者确实可以立足于国际学林，但那也代表不了中国整个考古学界。早有学者指出，中国考古学引起国外关注的，基本都是因为老祖宗留下的东西好，而不是我们的研究方法与理论有多好。恰恰相反，我们在材料解释与方法论的自觉上，差距还非常大。这个差距的根源还是在我们的基础教育上，举个简单的例子，日本橿原考古所藏有日本的绝大多数发掘报告，大约一万八千本。反观中国，遗址数量是日本的数万倍，但是我们的发掘报告应该还不如日本多。平均到每个省，多的也就出版了百八十本，少的只有不到十本。报告只是一方面，在基础材料的提取与保管方面，差距更大。

京都大学人文科学研究所的资料室，藏有近一万张1938—1944年在云岗石窟拍摄的胶片、黑白照片以及玻璃干版照片，分门别类整齐的摆放在书架上。石窟在“破四旧”时已经面目全非，幸赖这些底片，愈发显得珍贵无比，传统文化因得以保存。京都大学的考古学，从滨田耕作、梅原末治、林巳奈夫、水野清一等一路走来，非常注重材料的收集，主张在完全占有材料的基础上进行研究。而京都大学的人文科学研究所，著名的京都学派的发源地，图书资料非常丰富与完整，从20世纪30年代到现在，相关的图书都有购买，包括最新出版的考古报告都已登记上架。这是我们国内绝大多数研究机构所做不到的。

在资料室还看到20世纪80年代林巳奈夫先生参观四川省博物馆拍摄的照片，冲洗装订登记入册，整整齐齐的摆放在书架上。这种收集资料的传统，我们是很少的，也是深感差距的地方。当然，有差距才有空间，这也是我们今后努力的方向，也是最有可能取得突破的地方。在奈良文化财研究所，动植物标本非常丰富，动物数据库马上要上网公开，电视台在做节目，这对动物考古学是个好消息。资料的完整全面公开也是今后考古学能否实现跨越

图一一 奈良国立博物馆藏中国青铜器

发展的很重要的一环，过去那种靠材料吃饭的时代，可以休矣，还是要靠研究能力说话。将来我们自己报告的编写，希望能有一点突破，在网上共享完整的清晰彩版与线图，供有兴趣者参考。在条件成熟时，考古报告可以直接发表PDF格式而无需出版社，如《科学》杂志已经在这样做了，相信以后这会是一个大的趋势。（图一一至图一四）

图一二 白鹤美术馆藏中国青铜器

图一三 泉屋博物馆藏中国青铜器

图一四 平城宫迹资料馆

木质文物病害诊断与保护修复在意大利的发展

2015年11月赴意大利培训考察 徐方圆 解明思

2015年6月，上海博物馆与意大利国家研究委员会文化遗产保护修复研究所（简称“CNR-ICVBC”）签订了《科学合作框架协议》（三年），并设计了2015年度的《“文化遗产检测、保护和修复”培训课程》计划。根据框架协议和多次商讨结果，CNR-ICVBC在2015年开展“文化遗产检测、保护和修复”项目，分两批次为上海博物馆的相关研究人员提供技术培训。徐方圆、解明思作为首批人员，于2015年11月22日—12月5日赴意大利佛罗伦萨参加了以木质文物病害诊断、保护修复为主要内容的课程培训，并就相关主题内容进行了交流、考察与学习。此次交流考察活动得到了意大利国家研究中心文物保护修复研究所、佛罗伦萨文物保护修复中心、比萨古船遗址博物馆、比萨大学等热情接待和支持。在培训、交流过程中我们认真听取了相关人员的介绍，就重点考察内容进行了咨询，对感兴趣的相关主题内容进行了广泛、深入的交流。通过交流访问使双方增进了友谊，为进一步促进双方在文物保护相关领域开展技术研究合作打下了良好的基础。

图一 课程理论教学

一、饱水木构件的病害诊断与保护修复

此次交流、学习的重点主题内容之一就是了解意大利在饱水木构件方面的保护处理研究进展和实际应用情况。目前我国水下考古成果丰硕，发展前景广阔，水下环境和一般出土埋藏环境具有很大差异，因此如何有针对性地对出水/饱水文物进行保护处理和保存环境评价就变得十分重要而迫切。意大利古代历史艺术遗迹和珍贵文物精品众多，其中拥有大量水下遗址以及出水/饱

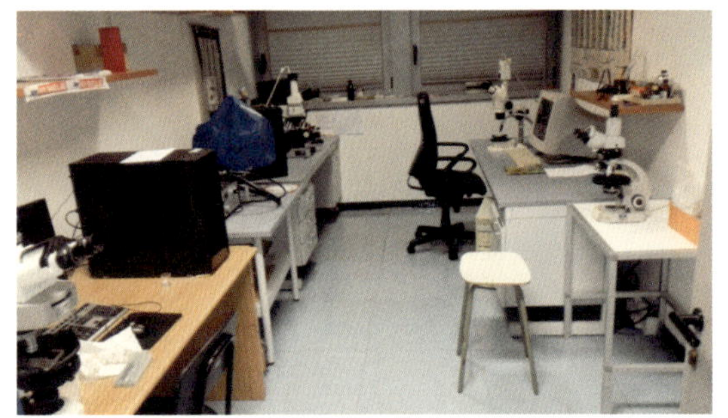

图二 CNR-ICVBC的一间实验室

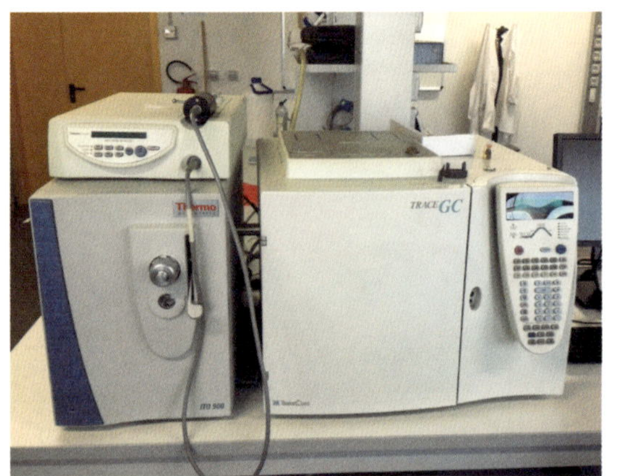

图三 气—质联用仪

水文物，在饱水文物、特别是饱水木质文物保护领域也拥有较为先进的应用技术，通过学习交流，并与我国当前该领域发展和应用状况进行比较，对上博文保中心提升文物保护技术能力、拓展研究范围具有重要意义。

此次学习考察由CNR-ICVBC主要负责，重点邀请了意大利国家研究中心木材研究所（IVALSA）以及比萨大学化学学院的研究人员，来进行了详细的授课讲座和实践分析指导。（图一、图二）与文物保护修复研究机构相比，木材研究所拥有更为全面系统的针对木材的理论知识和研究经验。此次交流以理论讲座和实践培训相结合为主要模式进行。在理论讲座的部分，木材研究所的研究人员从木材研究的基础入手，由浅入深，系统地为我们讲授了饱水木构件的物理及形貌学基础、生物学基础、天然植物化学基础、污损海洋生物对木构件的影响，以及脱水加固保护材料理化特性、

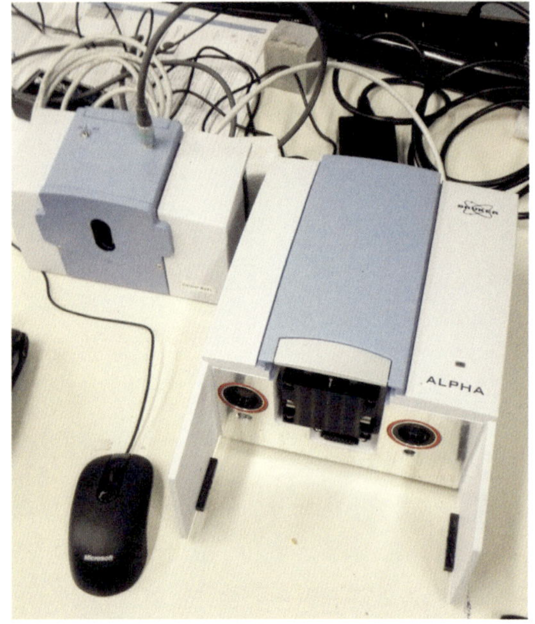

图四 便携式红外光谱仪

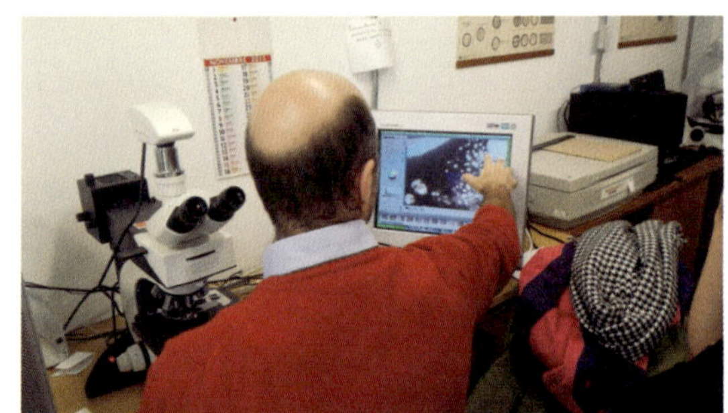

图五 现场实验课程

筛选原则及应用条件。在实验部分，我们考察了文物修复研究所以及木材研究所的主要分析研究设备，以及正在进行的饱水木构件相关课题研究。比萨古船遗址与木材研究所合作，就饱水古船样品的木材性质进行实验室课题研究，为比萨古船更好的保护处理提供依据和基础。在饱水木材的实验室研究内容中，利用化学计量学对红外谱图进行数据处理，实现对样品纤维素含量进行定量，从而判断木材的糟朽程度，是一项比较新颖的分析手段。此外，比萨大学化学学院的研究人员还利用气—质联用技术对比萨古船木材纤维素的保存情况开展了相应分析。（图三至图五）

二、饱水木构件现场保护与展示

为了更好地了解、掌握遗址出土饱水木构件的现场保护处理方法及保护效果，我们专程赴意大利比萨古船保护现场以及比萨古船博物馆进行考察和交流。比萨古船遗址出土了17艘保存完好的古罗马时期的饱水木船。比萨的文物保护修复师采用整体拆解—蜜胺脱水处理—重新组装的保护流程。（图六）截至2015年，已有四艘古船完成修复，部分已挖掘出土的古船遗迹已完成木构件脱水处理。其中最大的一处古船现已整体提取，在用玻璃钢做成的框架内采取临时性的保水保存，以待更为合适的保护措施。（图七）

图六 古船遗址保护现场（已回填）

图七 大型古船的临时性保水处理

比萨木质文物保护修复中心承担了意大利绝大部分遗址出土饱水木构件的保护修复处理工作，其对出土的饱水木构件的脱水、加固处理技术应用已形成一套较为成熟的方法流程，针对不同大小尺寸饱水木质文物的脱水、加固保护处理工艺方法。比萨出土饱水古船遗迹的年代，最早距今二千年左右，木船含水率最高的可以达到1000%，纤维素降解程

图八 正在利用MF树脂进行脱水加固的古船构件

图九 采用树脂加固保护后的有机质文物

度高，脱水加固保护的难度大。与欧洲其他国家普遍采用PEG进行脱水处理不同的是，意大利饱水木构件脱水方法主要采用MF树脂法。此次考察交流过程中我们重点对MF树脂法的工艺流程进行了学习和交流，详细咨询了其处理过程，了解了其所用的化学试剂，也就目前饱水木器脱水中遇到的主要技术难点进行了技术交流。MF树脂分子量小，能够快速渗透到木材纤维结构当中，处理时间较普遍使用的PEG更短。采用MF树脂法对木构件进行脱水处理，可以使木材保持较好的色泽，基本不变形，且这种材料分子量较小，脱水加固后，木构件重量没有明显加重，不会增加木构件的应力负担，造成保护处理对文物的二次伤害，是一种值得我们借鉴并能够实际应用的较为理想的木质文物脱水处理方法。从目前已经进行完保护加固的古船保存状况来看，木船部件强度得到明显加强，部件结构没有显著形变，颜色、重量基本稳定，没有明显变化，可见MF树脂保护加固处理的效果良好。（图八）

目前，已做好加固处理的古船已转移到在比萨古城内的古船博物馆，并于2016年开放。处理好的古船将采用开放展示的方法进行陈列，并将对每艘古船的保存环境进行实时监测，确保古船展陈环境的稳定。古船遗址还出土了其他一些饱水有机构件，经过保护处理后，现保存展示于发掘现场的博物馆。针对不同材质修复师采用了不同的保护材料，取得了不错的保护效果，具有一定的借鉴意义。（图九）

三、色谱技术和光谱成像技术在油画、壁画保护研究领域中的应用

除了对饱水木构件的保护修复研究外，此行我们还学习考察了色谱质谱技术以及成像技术在染色木器（painter wood）及其他文物如油画、壁画上的应用。

研究有机胶粘剂成分对于更有针对性的进行保护修复十分重要。意大利拥有大量的油画、壁画艺术精品，CNR-ICVBC与比萨大学化学学院合作，在胶粘剂的分析研究方面积累了大量的方法经验，特别是利用质谱对文物中的有机胶粘剂分析方面。比萨大学利用气相色谱—质谱联用仪（GC-MS）、热裂解气相色谱—质谱联用仪（Py-GC-MS），以及生物质谱技术（LC-MS/MS）等技术，研发出了成熟的文物中微量有机质成分的分析流程，不仅可以准确分析出物质成分，也可以有效分出不同来源的有机物质。（图一〇）近年，随着生物质谱技术的引入，所需样品量减少，分析结果精确度显著增加，甚至可以确定胶粘剂的生物来源。生物质谱技术作为分子生物学的有力研究手段，近年来在生物考古和文物研究方面的应用崭露头角，其分析结果能够较为明确地指示生物种属，具有其他分析方法所不能取代的优势。

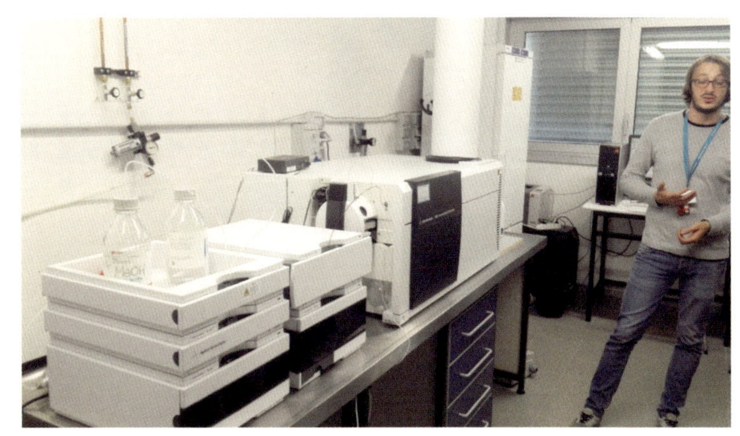

图一〇 比萨大学生物质谱联用仪

意大利国家研究中心下属应用物理研究所（CNR-IFAC）利用其研发的高光谱成像系统对乌菲齐美术馆的馆藏作品进行了不少图像采集工作，利用高分辨率光谱信息，进行数据处理，对颜料成分鉴别、作品下层隐藏信息和病害，木质支撑结构病害及变形的甄别分析。光谱成像技术能够对文物对象进行高清成像，通过无损的方法获取成分和病害等大量有效信息。高光谱成像技术能够在光谱维度上进行了细致的分割。通过高光谱成像仪获取到的是对象的数据立方，其结果不仅可以获得图像上每个点的光谱数据，还可以获得任一个谱段的影像信息，在文物无损分析方面具有巨大的应用潜力，并逐渐在欧美的一些文博机构里得到采纳和接受，对于上博文保应用能力提升具有重要借鉴意义。

此次赴意大利佛罗伦萨交流、考察与学习收获很大，通过与意大利相关技术研究人员相互交流，深入探讨与咨询，使我们更清楚地了解目前国际上历史文化遗产科学保护研究领域的最新应用技术发展趋势，获取了许多新的文物科学研究信息，开阔了视野，对上博文物保护科技中心科学研究工作深入开展具有重要的参考价值。

日本书画文物修复纸制作及应用调研

2016年1月赴日本考察访问　徐文娟　吴来明　褚昊　黄瑛　孙峰

纸质文物所承载的历史、文化、艺术信息，是世界文明的重要组成部分，由于纸质文物的材料组成，使其很容易受周围环境因素的作用而败坏。为了对书画古籍等纸质文物进行长期保存，我国一直采用装裱的方式。纸是书画装裱的基础材料，直接关系到装裱质量的优劣。修复用纸的选用对保证修复质量、延长书画文物寿命起着决定性的作用。近年来由于造纸工艺和材料的改变，导致书画修复用纸的质量下降；市场上的手工纸难以满足书画文物保护的要求，买不到适用的修复用纸是当今书画修复工作者遇到的共同难题。书画修复用纸的短缺成为了阻碍我国书画修复质量提高的瓶颈。

为解决修复纸问题，日本在书画装裱修复专用纸方面具有多年的自制应用经验。根据我馆研究项目的计划，2016年1月11日—20日，上博文物保护科技中心的吴来明、徐文娟、褚昊、黄瑛和文化交流办公室孙峰一行五人赴日本就书画文物保护与修复工艺、修复材料、修复纸制作等内容进行了交流、考察和学习。考察的主要单位有：日本书画装裱修复师联盟、京都国立博物馆、奈良县吉野町文化财修复用美栖纸工房和宇陀纸工房、岐阜县文化财修复用美浓纸工房、岛根石州半纸工房和会馆、高知纸产业技术中心等。我们认真听取了相关人员的介绍，并且就重点考察内容进行了咨询。

一、书画文物的保护和修复

日本国立博物馆书画文物的保护和修复模式与我国不同，我国主要由博物馆人员进行文物修复，而日本由国宝修理装裱师联盟认定的机构来实施。该联盟成立于1959年，由当时国家指定文化财的七家工房（东京一家、京都五家、大阪一家）组成，联盟的宗旨是为了共同提高装裱修复技术，协调相关事务。该联盟成立以来，致力于修复人员的培训、修复材料的研究与保护、修复技术的总结与研讨等。联盟拥有较为先进的修复理念和技术、独立的技术研发体系、技术人员资格认证制度、企业的市场准入制度等。近年来，着力于从纸质文物修复材料的角度，调查和保护传统的手工造纸技术，已成为日本传统手工纸保护与复原的中坚力量。联盟的企业机构在京都、奈良和九州设立了各自的分支机构，租用博物馆的办公用房，由各企业独立承接业务开展修理，按照各个企业的技术力量统筹安排各个企业的修复师共同参加具体的修复工作，修复方案由博物馆研究人员和联盟共同制定。

我们来到京都和日本国宝修理装裱师联盟就书画修复的工艺流程、修复清洗方法（包括去污漂白技术）、装裱浆糊（包括矾的使用）等修复技术进行了深入的交流，并参观了京都文物保护修复实验室，双方一致认为虽然中日在书画装裱工具及材料选择上有些差异，但可以互相借鉴，希望以后有更深入的合作和交流。（图一）

图一 与日本国宝修理装裱师联盟负责人合影

令人印象深刻的是日本书画文物修复中技术的传承传统和创新以及对文物材料严格的筛选评价制度。在继承传统技法和原材料的同时，让科学家参加到修复工作中，对文物进行科学的检测和分析，这是联盟所属企业修复工作的一大特色。在修复文物之前，通过对文物本身的科学检测和分析，为制定保护修复方案和修复材料的选择提供依据。同时为了提高工作效率，依托高新技术不断创新开发新材料和方法，把现代科技应用于文物修复也是联盟所属企业的另一大特色。其中有代表性的是电子束劣化丝绸书画补绢材料开发、数控古籍补纸技术和万能型太卷的开发等。

在材料的选用方面，联盟所属企业讲究使用性能稳定、安全性已得到证明的传统材料。修复纸张采用传统工艺生产的纸张，粘结剂则按工序分别使用新淀粉浆糊、陈年浆糊、布海苔等，不使用化学粘结剂，以利于文物以后的修复。为保持文物的风韵，用的绢料是1977年被认定为“选定保存技术”的“装裱用古代纹样丝绸”，其他附属材料和工具也都属于选定保护技术的范围。

二、修复纸的制作

与中国对书画文物的保护修复方法相似，日本也采取书画装裱的方法，其中修复纸是书画装裱的重要材料之一。中国主要修复褙纸为宣纸，日本与我国材料不同，日本经过装裱的书画文物一般有四层，第一层为画芯、第二层为薄美浓纸、第三层为美栖纸、第四层为宇陀纸，根据作品情况还会用到石州半纸和土佐纸等。

本次主要调研了日本文化财指定的美栖纸、宇陀纸、岐阜县文化财修复用美浓纸、岛根石州半纸等四种文物修复用纸。分别从抄纸原料、原料处理、抄纸工艺等方面进行详细的调研，借以了解日本修复纸生产、标准、指定应用等管理流程。四种修复纸的产地均为山区，根据介绍，

图二 美浓纸工坊

图三 宇陀纸原料种植基地

图四 宇陀纸自然干燥

他们认为造纸的原料和水质是抄造优质修复纸的关键。美浓纸位于岐阜县，（图二）美栖纸和宇陀纸位于奈良的吉野町，（图三、图四）石州半纸位于岛根。（图五）美栖纸、宇陀纸、美浓纸、石州半纸造纸原料均为楮皮，纸药为黄蜀葵根泡水使用，根据修复的需要添加填料，美浓纸因为和画芯直接接触，不加任何填料，而其他三种纸会添加蛤粉等填料，他们认为碱性的填料对酸性气体有一定缓冲能力，利于文物的长期保存。从制作工艺上看，这四种纸的共同特点是较好地保留了传统造纸工艺，用自制的草木灰（对烧制草木灰的植物有严格要求）将原料进行蒸煮、日光漂白，除了石州半纸半机械打浆外其他都人工打浆，整个造纸过程基本不用现代造纸工业所用的化学试剂，抄造方式为吊帘，由一人操作，纸的尺幅较小，普遍采用的干燥方式为木板自然干燥。为了满足文物保护的需要，这些修复纸工坊操作人员也有较强的保护传统技术的意识，从而较好的保证了纸的质量。

同中国传统工艺技术一样，日本手工纸也面临人员老化以及技艺传承问题，为保护传统手工艺，美浓纸和石州半纸被文化财指定为重要无形文化财，美栖纸和宇陀纸指定为文化财保存技术持有者，国家每年给予一定的补助。“国宝装潢修复师联盟”为支持某种修复过程中所需要的手工用纸，以高出市价三倍的价格来大量购买，甚至将此作为行业内部的规定。但有的产品的社会需求量很小，政府补贴的经费仅能保住这类纸张传承于世，却很难保证生产者过上富裕的生活，像这次考察的美栖纸和美浓纸工坊均由年过半百的夫妻造纸，如不能与市场有效结合，也面临消亡的困境。而宇陀纸厂主较为年轻，思路比较开阔，在满足书画文物修复纸的要求下，自主研发了多种装饰彩纸，从而也保证了修复纸的正常运营。

为更好的传承传统手工艺，石州半纸专门成立和纸会馆，介绍本地传统造纸的沿革，将和纸的历史及工艺进行展示，介绍纸张在当今生活中的各种用途等，不定期举办特别展，还专门设立了体验区供有兴趣的参观者体验抄纸。

由于古代书画纸材料种类繁多，需求量少，无法批量生产，修复材料匮乏同样是日本修复面临的问题。对于纸质文物修复所用的修补纸，日本国立博物馆和相关研究机构联合研究，通过自行制作的方法来解决。其中高知县立纸产业技术中心为目前日本最主要的纸张试验与研究中心，拥有较为全面的纸张分析、手工和机械抄纸试验设备。该中心专门成立了由所长负责的的古纸研究小组，日本各大博物馆的文物纤维材料检验分析主要由该中心完成，同时该中心还参与一些古纸的复原工作以及修补纸的研究。（图六）目前日本京都、奈良和九州博物馆均有自己的修补纸抄造实验室，根据对文物分析结果自行抄造相应的修复纸。修补纸制作流程为：（1）首先对需要修复的文物原料组成、加工方式、厚度、帘纹等进行科学分析；（2）按照传统工艺准备原料；（3）采用特制设备，在实验室完成修补纸的抄造。通过这种方式极大地补偿了修补用纸的不足。（图七）

通过这次为期十天的日本交流考察，我们对日本书画文物修复纸的解决办法以及制作工艺有了充分的了解，日本对传统造纸工艺的保护也值得我们借鉴。日本书画保护修复中传统和现代的结合对我们今后工作有很大的启发。开阔了我们正在进行的市科委和馆课题手工纸研究项目思路，也为我国书画修复和保护材料提供了更广泛的选择。

图五 石州半纸原料处理

图六 和高知县立纸产业技术中心人员进行交流

图七 高知县立纸产业技术中心手工纸实验室

意大利文化遗产保护修复研究所无机质文物保护技术交流

2016年1月赴意大利交流考察 黄河 周浩

2016年1月20日—2月2日，上海博物馆文物保护科技中心周浩、黄河赴意大利佛罗伦萨，在意大利国家研究委员会（CNR）文化遗产保护修复研究所（ICVBC）进行了为期二周的技术交流。

2011—2013年，意大利外交部（全球化与全球问题司）和经济发展部（经济合作发展处）联合发起了“中国计划”（即“扶持与中国各地方联系的多大区计划”）。针对“文化遗产修复及开发”领域，经过与我国外交部和国家文物局的沟通，意大利11个大区与我国北京、上海、江苏南京、陕西西安、重庆、山东等地的文博单位进行了交流。期间，意方文化遗产保护技术专家两次赴上海博物馆进行了文物保护科技交流和考察活动，我馆实验室研究人员也应邀于2013年1月赴意大利托斯卡纳大区（佛罗伦萨地区）进行了回访交流考察。经双方多次沟通，2015年6月，本着共同研究文物保护关键技术问题、提升文物保护技术方法、推进研究成果应用的共识，上海博物馆与CNR-ICVBC签订了为期三年的《科学合作框架协议》。

图一 金属文物保护修复技术讲座

在《科学合作框架协议》中，CNR-ICVBC设立了2015年度的《“文化遗产检测、保护和修复”培训课程》计划，我馆文保科技中心业务人员按照不同主题分二批赴意大利佛罗伦萨进行培训交流。2015年11月22日—12月5日，徐方圆、解明思针对木质文物的保护修复赴意进行了培训；2016年1月20日—2月2日，周浩、黄河赴ICVBC，围绕金石质文物的保护、修复与检测，通过理论研究、仪器实践、案例考察、专题调研等多种形式，开展技术交流。

一、理论研究

在ICVBC，我们听取了金属文物腐蚀及保护技术、石质文物病害及保护修复研究、金属文物检测分析系列技术（X射线荧光、红外、X射线衍射、拉曼、电化学等）、3D成像技术与超近距离成像技术等专题讲座。在分享技术理论的基础下，聚焦无机质文物保护的最新应用与发展前沿，我们与专家进行了较为深入的探讨（图一）。

二、仪器实践

我们走进ICVBC的实验室，听取了工作人员对X射线荧光、拉曼、电化学工作站等检测分析设备的演示介绍，并亲自上机进行了操作实践。针对便携式拉曼光谱分析仪，围绕文保中心在实际工作中遇到的一些问题与技术难点，如荧光干扰的去除、技术参数的选择、检测样品的适用范围等，我们与意方专家进行了面对面的透彻交流，获得了令人满意的结果（图二）。

图二 便携式拉曼光谱分析仪应用研讨

三、案例考察

我们赴佛罗伦萨文物修复中心（OPD），参观了金属、珠宝、石质文物、油画等修复室。OPD的前身是当地著名的造石工场，针对残缺石质文物的修复，修复人员如今仍然采用传统的技术方法，即寻找相同或相近的石材原料，进行切割补配，实现了传统工艺的延续与传承（图三）。同时，OPD也在不断研究改良粘接剂的配比，使之更安全高效，这种将科技保护与传统技艺相结合的工作方式对文保中心具有重要的启示作用。

我们还赴Corsi Salviati庄园，对室外石雕的现场监测、保护修复与日常维护工作进行了

图三 石质文物传统修复工艺

图四 室外石雕本体监测

图五 室外石雕清洗对比实验

考察学习。ICVBC的研究人员在庄园内建立了小型气象站，对室外温湿度、污染气体、风速、土壤含水率等环境指标进行了实时监测。同时，他们还对文物本体进行了监测（图四），通过对应力、风化程度、微生物滋生的观察，较为全面地掌握了石雕的保存状况，为保护修复方案的选择提供了依据。随后，研究人员使用激光清洗法和微波清洗法，对石雕进行了清洗对比实验（图五），发现两种方法对去除苔藓均有较好的效果，但经过微波清洗后的石雕表面苔藓的再次生长率更低。这种检测分析与保护修复相结合的科学工作方式，对文保中心的工作开展具有重要的借鉴意义。

四、专题调研

上海博物馆文物保护科技中心于2015年购置了意大利产的激光清洗设备，激光清洗技术在金属文物上的应用研究是此次赴意我们想要深入了解交流的重点内容。围绕这个专题，我们赴CNR的应用物理研究所（IFAC），向激光清洗技术的专业研发团队虚心讨教，对激光清洗技术应用于金属文物上的安全性、适用性、模式选择、评估方法等有了进一步的理解与认识（图六）。

图六 安全性试验与量化评估技术研讨

我们赴仪器制造商El.En公司，了解了激光清洗设备最新的研发与应用情况，并与正在公司实验室进行清洗试验的私人修复师进行了交流，详细探讨了激光清洗技术在象牙、宝石镶嵌等不同材质文物上的效果，为该技术的应用拓展领域带来了启示（图七）。

我们赴OPD保护修复中心，拜访了亲手修复过圣母百花大教堂礼拜堂“天堂之门”的修复师，详细了解了铜鎏金文物“天堂之门”的保护修复过程，学习了激光清洗与传统化学清洗方法相结合的科学手段。随后，我们赴圣母百花大教堂博物馆，亲眼目睹了修复完成的“天堂之门”与“北门”（均为铜鎏金）。两件文物均使用了激光清洗法和化学清洗法，但根据文物的不同特点，使用的方法各有侧重，清洗后的效果也略有不同（图八）。如何根据文物的自身情况量体裁衣，选择更为合适的保护修复方法，我们从中汲取了宝贵的经验。

我们还赴CNR-ICVBC米兰分中心，了解了Brera博物馆拿破仑铜雕的保护修复情况，学习了研究人员对激光清洗技术的安全性评估及激光清洗与化学清洗效果比对的应用研究案例（图九）。激光清洗技术的安全性和有效性评估不是一蹴而就、一概而论的，需要建立科学的评价体系，开展大量的实验研究。这对文保中心日后的研究工作开展具有极为重要

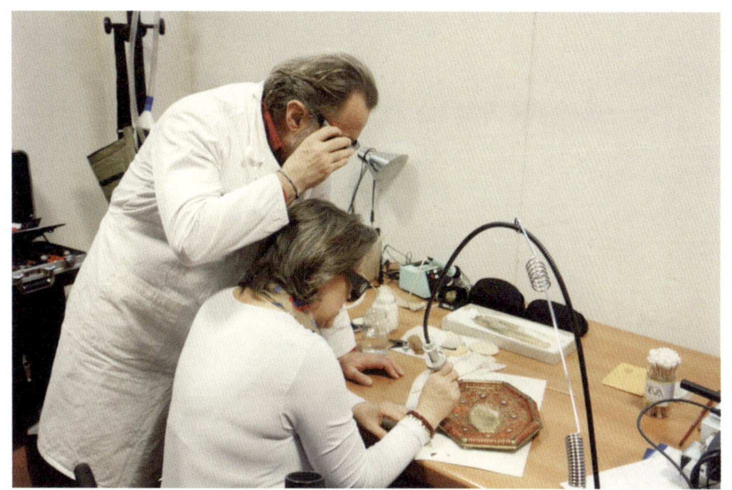

图七 各类材质文物的激光清洗试验

图八 “天堂之门”：激光清洗与化学清洗相结合的修复方式

图九 拿破仑铜雕的激光清洗应用研究

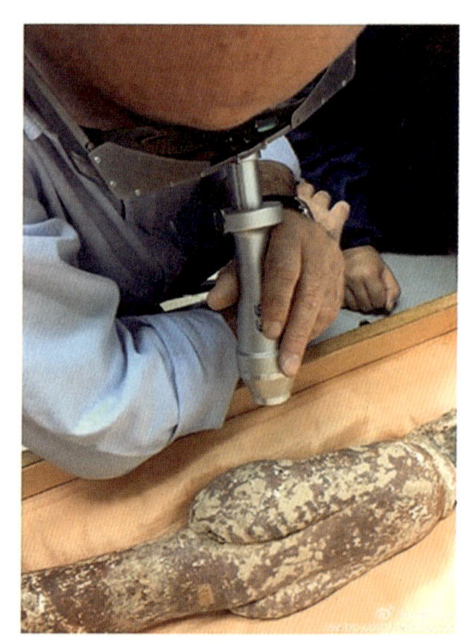
图一〇 陶质彩绘文物的激光清洗实验

的指导意义。

通过这一系列的技术交流，我们对激光清洗在金属文物上的应用研究有了较为系统的认识。在意交流期间，我们还与ICVBC探讨了针对我国金属文物开展激光清洗合作研究的可行性，并获得了积极的反馈。2016年10月24—30日，CNR-ICVBC和El.En的两位专家赴上海博物馆，与文物保护科技中心进行了技术交流，介绍了琼脂凝胶清洗与激光清洗的综合应用研究，并针对文保中心提供的青铜器、铁器、陶质彩绘、纸张绢本等不同材质的文物样品开展了激光清洗试验，获得了重要的实验数据（图一〇）。

在意大利为期两周的技术交流紧张而充实，围绕无机质文物保护的主题，通过理论、实践、应用等多角度的学习，我们在检测、保护、修复等各方面的理解更为深入，认知更为全面；针对激光清洗技术在金属文物上的应用研究，通过与技术研发、产品开发、保护研究、修复处理等不同团队的深入交流，我们的认识愈加系统，经验愈加丰富，对双方未来的合作研究方向也愈加明确。在上海博物馆与ICVBC的《科学合作框架协议》下，本次技术交流达到了预期目的，取得了令人满意的效果，为双方日后的进一步深入合作奠定了良好的基础。

展人、展览、展馆、展望

2016年5月赴中国香港地区、中国台湾地区培训考察　吴悠

5月8日至20日，我经推荐与选拔，有幸参加了由香港中文大学、北山堂基金会举办的第三届博物馆专业培训工作坊。在短短12天时间里，与来自国内各省市的文博同行一起，聆听业内资深专家分享策展与藏品管理方面的珍贵经验，同时对中国香港、台北两地的多家博物馆进行深入考察。

图一　工作坊于香港中文大学文物馆的教室

在主办方的悉心安排下，整个培训工作坊的行程紧张而充实。专家的讲课精彩纷呈，考察的场馆各有特色。现将个人印象最为深刻的部分整理成文，以此激励自己能成为一名更优秀的博物馆人。

展人

此次培训工作坊以“展览策划与典藏管理”为主题，邀请了多位经验丰富的研究策展人、典藏专家等进行专题演讲。（图一、图二）例如来自美国华盛顿佛利尔赛克勒美术馆的中国艺术部主任司美茵女士（Jan Stuart），她曾执掌大英博物馆亚洲艺术部多年，任教过多所知名大学。她提出curator的角色应随着博物馆事业的发展不断改变，从最初单纯的藏品保管与研究而转向博物馆与公众之间的沟通。白珠丽女士（Julia

图二　全体学员与香港中文大学文物馆馆长等合影

White）是加州大学伯克利分校美术馆的资深策展人，她以“红妆丽影：中国清代美人图”展览为例，从各种角度介绍如何举办一个受人欢迎的好展览。

在诸位演讲人中，来自辛辛那提艺术博物馆的宋后楣主任给我留下了极其深刻的印象。2009年10月，她所策划的“啸虎与跃鲤：中国绘画展”在当地取得巨大成功。而在成功背后，凝聚着她超过十年的专业研究和艰难的借展历程。作为一个在西方国家从事中国古代艺术研究的策展人，宋主任面临的最大挑战即是如何正确引导西洋观众欣赏中国绘画。因此她选取了“动物”这个充满趣味的角度，将展览划分为“中国绘画的自然观”“动物象征语言的转变”“动物象征语言的寓意解读”三个板块。中国哲学中的阴阳、天人感应等深奥概念，借由龙虎、鲤鱼、鹰鸟、骏马等动物形象来诠释，既有趣又明了，为美国观众普及了陌生的中国历史、文化和艺术。（图三）

图三 司美茵、宋后楣等专家与我们面对面交流

图四 宋后楣主任介绍“啸虎与跃鲤”展

这种跨地区多馆联展一向是展览界最难啃的骨头，而这场展览居然能汇聚16家博物馆的动物画精品，策展人所经历的艰难险阻可见一斑。宋主任坦言，作为一家规模不大的私人博物馆，他们经常面临经费不足的问题，需要说服管理层以取得资金、空间、时间上的支持；某些机构出于保护、研究等原因也不太愿意出借珍贵藏品，而往往缺少一件重要展品便需要调整整个展线。在重重困难之下，她多方协调，以自己在业内的学术实力为敲门砖，终于得以实现这个展览。

宋后楣主任对于学术的坚持、对于展览的执着感染着台下的每一位学员。她称这个展览为自己的“dream exhibition（梦想之展）”，能看到自己倾尽努力的研究成果以展览的形式惠于大众，对于策展人而言莫过于最大的成功。即便花费大量的心血、经历重重难关考验，最终还是值得的。（图四）

展览

在中国香港、台湾地区期间，我参观了多家博物馆。尤其是香港地区的博物馆，藏品或许不如内地，但在展览方面花费了许多心思。例如坐落于维多利亚海港8号码头的香港海事博物馆，

图五 进入香港文化博物馆大厅后可以看到展览的大幅宣传

图六 展厅中的高清投影循环播放

图七 观众可以参与绘画睡莲

展地规模不大，但整个展线设置得十分合理，力求体现香港作为海上丝绸之路重镇的历史地位，令观众了解对香港历史至关重要的海洋文明。台北故宫博物院是此行所接触的规模最大的文博机构，正逢院内举办“清明上河图”特展，台北故宫博物院所藏的八件《清明上河图》均得以一览，实属有幸。而在这里要特别讲述的，是香港文化博物馆举办的“他乡情韵——克劳德·莫奈作品展”。

5月13日上午，我们来到了位于沙田的香港文化博物馆。这是一家隶属于香港康乐及文化事务署的综合性公立博物馆。博物馆建立伊始便以服务公众为发展定位，在自身藏品规模有限的条件下充分发挥香港这个国际都市的城市资源，以多元化和生动活泼的临时展览作为本馆特色。

此次在香港文化博物馆中举办的，是来自法国的“他乡情韵——克劳德·莫奈作品展”。由于自己已在各地多次观摩莫奈及印象派的展览，对这个以私人藏家展品为主的小型展览原本并无太多期待，没想到凭借出色的多媒体技术、精致的细节、有趣的互动体验，这个展览带给我很多惊喜。（图五）

展览分为四个区域，按莫奈在欧洲的艺术创作轨迹为线索，向观众展示画家对鲜明悦动的色彩以及对四季风景的生动描绘。为了更好地展示印象派对色彩的应用，第一展厅利用大量的高清投影，在展厅中进行变换播放。（图六）在这部分展览的最后，以地面投影的方式重现了莫奈最著名的“日式水园”。观众利用投影边的平板电脑，勾绘属于自己的睡莲，实时显示在投影上。（图七、图八）

图八 以投影方式重建、用以互动的日式水园

在参观完第一展厅后，观众会走入第二展厅。这个展厅完全为互动体验设置，一进门便是身临其境的莫奈花园，展方利用悬挂的投影布对场地进行分割，加以声光效果，营造出白天与黑夜的区别。（图九）观众在此处可以充分体会莫奈花园的浪漫与静谧。而在墙面上，设置有精妙的互动装置，观众翻开装置就可以阅读关于花卉的百科介绍。（图一〇）

而整个展览中最为精彩的互动是“莫奈家的餐厅”这一板块。在装潢精妙的法式饭厅中，整齐摆放着餐盘餐具酒杯。观众可以坐在餐桌边，以右手边的ipad触摸屏进行点菜。点菜后，面前的餐盘便会“出现”所点的餐食，相当逼真有趣，令观众深感新奇。（图一一、图一二、图一三）

在餐厅之后，展方还设置了“莫奈家的客厅”，重现画家与朋友举办沙龙聚会、畅谈绘画音乐美食的场景。在客厅中所放置的书籍都可以取出进行阅读，观众们可以坐在舒适的沙发上读书、闲谈，桌面上还有以触摸屏方式呈现的莫奈日记。事实上展方是以“莫奈画什么？”“莫奈吃什么？”“莫奈读什么？”来全方位展示画家的生活，从介绍印象派、莫奈这个较小的主题延伸至法式生活、法国文化这个较大的主题。当然，展览所能呈现的内容毕竟有限，展方另行准备

图九 身临其境的莫奈花园

图一〇 探索式互动装置介绍莫奈作品中的花卉

图一一 莫奈的餐桌互动体验

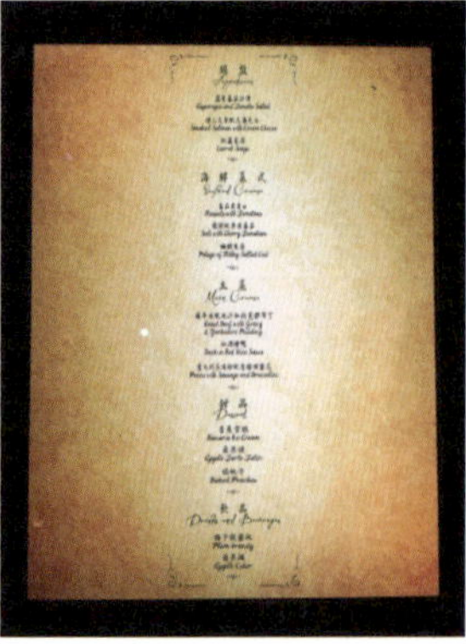

图一二 触摸屏上显示菜单

图一三 观众点击菜单后，食物的投影呈现餐盘上

了印象派音乐会、印象派绘画技法与艺术讲座等高端活动，以及针对普通公众的沙画表演、法国时装、电影、美食类的清谈茶话会。针对小观众，还设置了绘画教学、儿童剧等丰富多彩的活动。

展览最后是一间由帆布搭建的艺术创作空间：360°乐涂天地。精彩的展览激发着观众的艺术热情，任何人都可以拿起画笔，进入这个帆布房子进行涂鸦创作。可以看到画布上已有不少高水平的创作，观众的参与对于展览是极其美妙的收尾。（图一四）

图一四　在360°乐涂天地里，观众可以发挥想象，挥洒创意

展馆

5月16日，我们结束在香港的行程，来到台北。在短短四天的时间里，我们的足迹遍布台北各个主要博物馆。一些博物馆规模虽小，但却另辟蹊径，在文创等其他方面下足了功夫。例如在历史博物馆访问时，负责文创的张锦莉老师着重介绍了本馆的文创理念与特色。对于馆藏精品乃至馆舍建筑，他们都进行了充分开发，由本馆专业人员对本馆藏品进行开发，既省去了版权、设计等高昂开销，专业人员对藏品的理解也远比馆外设计师正确、深入。（图一五）同时也有针对社区人群的公益性项目，例如将自闭症孩子手绘的图案用以开发，体现出博物馆植根于社区的理念。此外，历史文物陈列馆的志愿者管理体系也相当成功。一位已任职九年的志愿者与我们交流时称，博物馆最吸引她的，便是让她感受到“尊重”，因这份“尊重”，她才会多年如一日来到陈列馆贡献时间与精力。在台北各个博物馆中，我们的确时时能看到这些面带微笑的志愿者，令参观者如沐春风。（图一六）

图一五 历史博物馆位于松山机场的文创商店

图一六 历史文物陈列馆的竹简留言角，风雅而有趣

图一七 台北市立美术馆外景，白色是现代美术馆最常用的颜色

图一八 林平馆长在做专题演讲

图一九 第三届X-site计划首奖作品："浮光之间"提供给大人孩子一个可以参与的艺术空间

而给我个人感触最深的，莫过于台北市立美术馆以及馆长林平女士的演讲：当代美术馆作为气脉相通的体制。创办于1983年的市立美术馆是台湾地区首个公立现代美术馆。（图一七）林平馆长于2015年新官上任，此前她身兼大学教授、艺术家，双重身份使她关注学术的同时兼顾艺术创作、美术馆自身发展，总结出一套行之有效的管理理念。

林平馆长在到任后提出了三大计划：分龄与分众的教育计划、跨领域观众倍增计划、观众参访经验回馈计划。（图一八）对于今日数量日益增多的美术馆、博物馆而言，既有挑战也有危机，如何聚拢更多的观众始终是馆长们最关心的问题。例如3月25日美术节，台北各个艺术场馆实行免费开放。正值市立美术馆举办"新时代英伦制造：走进海泽维克工作室"展。海泽维克是一位涉猎极广的现代设计师，对大家而言最有名的作品就是2010年上海世博会英国馆建筑。此次在市立美术馆展出有他的经典之作：《spun chair（螺旋椅子）》，为了使免费开放变得更为有趣，调动起观众的参与性，美术馆特地推出"艺术好闺蜜"活动，将这些椅子放置到大厅。观众们坐上这些构造奇特却不会倾倒的椅子，享受旋转的乐趣后便可以获得免票参观的资格。许多爱刺激爱冒险的年轻人闻讯后结伴而来，在欢笑之余体会到设计师独特的匠心。对于美术馆和艺术家而言，无异是最好的宣传和艺术普及，远胜于普通的宣传方式。

作为一家致力于现当代艺术的美术馆，如何拉近观众与艺术的距离也是林平馆长一直在思考的问题。现当代艺术一直被贴着"高冷""看不懂"等标签，普通观众先入为主的印象往往造成了自身与美术馆的隔阂。林平馆长从艺术家角度出发，将美术馆的公共责任提升到了重要位置，力求打破这个隔阂，塑造市立美术馆的亲民形象。例如在实力美术馆的门前，矗立着一个白色的临时装置，观众们可以脱鞋在上面行走，抬起头便可以看到美丽的光线，孩子们还可以在里面钻来钻去做游戏。实际上这是台湾本土艺术团队创作的艺术品“浮光之间”，是一次艺术设计大赛的获奖作品。观众们或许不了解深奥的艺术原理，但短暂的休憩与嬉戏却将艺术与生活完美糅合，使他们自然而然亲近艺术。对于孩子而言，可能就是最初的艺术启蒙。（图一九）

另外值得一提的是，市立美术馆在儿童和青少年的艺术教育方面倾注了相当大的心血。例如正在举办中的“小大”展览，是专为孩子筹备。馆方为每个来参观的孩子精心准备了互动学习手册，指导他们如何参观这五位艺术家的作品，并按年龄段举办工作坊。

此前市立美术馆还举办过一场“物理”展。在展览开始之前，馆方特设了针对初中理科教师的培训班，邀请艺术家、策展人共同讲解展览，让教师能提前备课，将展览和枯燥的课堂教学融合在一起。林平馆长透露，这个看似高深的展览在中学生中受到了意外的欢迎，许多老师带着学生将课堂搬入美术馆。学校与美术馆在一场展览中获得了双赢。

无独有偶，台北故宫博物院也相当重视青少年观众的参观体验。在寸土寸金的展厅中，博物院特别开辟了儿童学艺中心。对于尚缺乏历史文化背景知识的小朋友而言，摆放在玻璃柜里的中国古代艺术品、写满文字的说明牌、迷宫般的展厅布局都显得深奥难懂，而有趣的游戏、可爱的卡通形象却可以引起他们的探索欲。因此院方将儿童学艺空间布置成一个寻宝空间，孩子们在探索过程中了解到玉器、《清明上河图》、文房四宝等知识，随后便可以拿着寻宝地图去各个展厅里去寻宝。（图二〇）

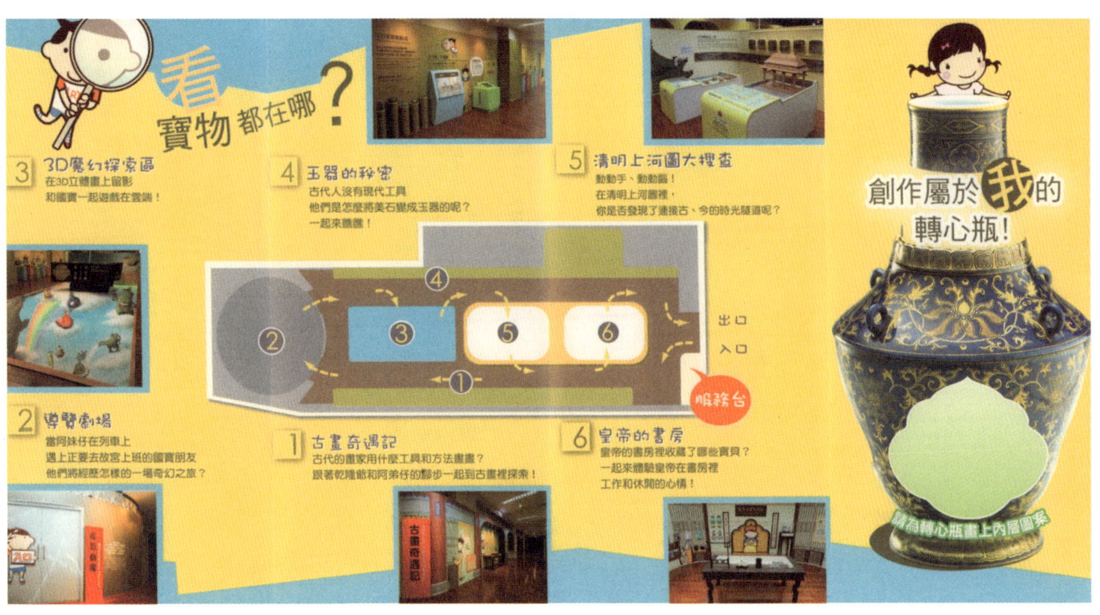

图二〇 台北故宫博物院儿童学医中心导览图，充满童趣和知识

伴随着博物馆事业的不断发展和公众生活水平的不断提高，硬件、空间、经费等已经不再是我们未来发展的最大障碍。从台北市立美术馆和台北故宫博物院的理念来看，吸引和稳固不同的观众群体，尤其是儿童、青少年观众，显得尤为重要。儿童与青少年如加以良性引导，日后会成为博物馆的忠实观众，而他们的背后更有家长这个更为庞大的社会人群，两者相辅相成，博物馆在其中的重要作用不言而喻。对于文博行业从业者而言，如何站在展览这一资源平台上做出更好的公众教育服务，值得用心思考。一旦能出色完成这项任务，可以说是一件令几代人受益的美谈。

展望

5月14日星期六，培训班请来了香港艺术馆馆长邓民亮先生为香港部分的课程进行压轴演讲。之前香港同学便早早地告诉我，香港艺术馆是当地最好的博物馆。可惜去年8月开始，该馆结束23年的连续运营，进行闭馆大修与扩建，因此这次培训班无缘参观。不过我们上博也正有新馆与大修计划，所以对于邓馆长的演讲“走向未来——香港艺术馆扩建计划与展览及收藏方向的新定位”格外期待。一听之下，果然受益匪浅。（图二一）

演讲分为两部分。第一部分先是介绍了香港艺术馆的历史和收藏故事。早在1869年，香港便有了类似博物馆功能的香港大会堂。但1933年大会堂拆除后，有近三十年的时间里，偌大的香港始终没有一家正式的公立博物馆。直到1962年，香港博物美术馆诞生，这便是香港艺术馆的前身。1991年，香港艺术馆新馆在香港的心脏——尖沙咀正式落成，与著名的星光大道仅一步之遥，面对游人必经的维多利亚港，新馆此后便成为当地的文化地标。

艺术馆建立之始，鉴于香港特殊的历史背景，首任馆长是一个英国人。在他的领导下，艺术馆原先的中国古代艺术收藏受到冷落，开始走现当代艺术路线，入藏也多为西洋油画、水彩等，引起香港本地人士的不满，一些收藏家也不乐意将古代艺术品捐赠给洋人执掌下的艺术馆。这个局面在中国画画家谭志成先生任馆长后得到改变。在谭馆长的努力下，艺术馆确定了以中国古代艺术收藏为主、注重本地艺术的发展方向，获得港人的一致认可。在香港众多收藏家、富商、社会名流的协助下，入藏了大量精品，其

图二一 邓民亮馆长在演讲中

中尤以叶义医生（亦为故宫博物院、台北故宫博物院的重要捐赠人）的竹刻、罗桂祥博士（维他奶集团创始人）的紫砂、刘少旅先生（太乙楼主人）的齐白石作品为精。馆方将“馆藏精品+国际大展”为发展特色，每年举办藏品展、本地艺术家及藏家展，加以部分国外引进的大展。在历任馆长的努力下，逐渐成为香港最为重要的艺术场馆。

随着社会的发展，香港作为一座国际城市，不断涌现出新的博物馆、美术馆。身为收藏最多、历史最久的公办博物馆，艺术馆也经历了日益激烈的竞争和痛苦的转型。2000年以前，香港几乎所有的大型展览均在艺术馆举办，2000年以后，尤其是沙田的文化博物馆建成后，展览举办地开始分散。也曾有民众批评艺术馆过多举办国际展览，而忽略本身的中国艺术品和优秀的香港艺术家。另外在1998年，一项关于建造香港当代美术馆的议案遭到政府否决，使得艺术馆必须兼顾古代与当代两种截然不同的艺术类型。而在新馆开幕二十余年后，艺术馆又面临设备陈旧、展厅空间不足等缺陷，最终由多方协商决定，进行为期三年的闭馆大修，同时梳理日后的发展方向。

在介绍第二部分前，邓馆长向我们讲述了艺术馆大修方案决定的过程。由于艺术馆隶属于康乐及文化事务署，又地处尖沙咀这个重要地段，参与大修方案表决的部门可谓众口难调。政府关心预算是否合理、城市规划委员会关心建筑是否安全美观、油尖旺地区（油麻地、尖沙咀、旺角，香港商业最为繁华、游客最集中的地区）代表关心大修是否影响旅游业、观众关心是否有足够的展览空间和公众设施……于2010年启动的大修方案，几经论战，直至2014年才完全确定，闭馆则已是2015年8月的事情了。作为馆方代表，邓馆长坦言如何说服方方面面、让各方代表都感受到诉求得到满意，同时还要坚持博物馆自身的专业需求，一路走来相当艰难。

随后邓馆长介绍了艺术馆的大修工程和未来新定位。由于地处香港的心脏地带，市民对艺术馆的扩建大修充满了期待。因此艺术馆也力求在大修后以全新的面貌展现于世。由于是扩建，整个计划并未采用如今流行的设计竞赛模式，建筑外观在保留原貌的同时加入新元素，原先缺少自然光线的展厅将打开格局、向外拓展，充分利用维多利亚港的美景，令观众的视线更为开阔，同时预留更大的、可以变化的建筑空间，为日后多元化、本土化的收藏与展览预留可能性。

为了应对空间扩大后的艺术馆，邓馆长整理出馆藏、借展、藏家三者间的联系，为艺术馆制定了“香港本位、背靠传统、面向世界”这条道路。多年来艺术馆的中国历史文物、中国书画、香港本地艺术的收藏已颇具规模，因此艺术馆的定位仍离不开藏品与研究这项重要的功能。而需要着重引入的还有本土化的概念，因为香港艺术馆是属于整个城市的艺术馆，讲述的是整个城市的故事。邓馆长提出，新的艺术馆将提供给本土艺术更多的发展空间，挖掘更多的本土藏家故事，让公众认识到香港的中国文物收藏对建塑本土文化的重要意义。

听罢邓馆长的演讲，我对这座以古代艺术收藏为主、同时策划现当代和本地艺术展览的艺术馆充满好奇，于是询问他两者是如何融入在一起的。邓馆长回答说：“香港艺术馆注重的是群众的艺术需求，基于本身的收藏特点、博物馆的发展定位开发出如今的路线。目前艺术馆设置了专门的当代艺术部门，对引入的展览进行严格把关。此外当代艺术与古代艺术的联系并不难被发现，两者之间的渊源可以在策展中加以体现。”此外他还特地谈到“本地化”这一概念，事实上这源于香港特殊的历史文化地位，从20世纪60年代不懂中国艺术的洋人馆长到如今“本地化”的一再重复，可以说也是政治与文化之间博弈的成果。

此次港台之行，最可惜的莫过于无法亲身体验这座香港最著名的艺术殿堂。不过邓馆长详细而专业的介绍，令我对三年后的艺术馆充满期待。当然，我内心更为期待和关心的，还是上海博物馆东馆的建成及西馆的大修工程。

结语

此次培训工作坊于5月20日顺利落下帷幕。以上是我一些小小的归纳与感想，事实上每一位专家、每一场演讲、每一次参观，还有香港中文大学工作人员事无巨细的悉心安排，都带给我深刻的印象。作为一名并非博物馆学也并非艺术史论专业的博物馆工作者，要储备与自己工作岗位相符的背景知识，最好的办法便是汲取前辈们的经验，多看、多听、多思考。这次培训工作坊正是提供给我一个千载难逢的机会，与业内经验最丰富的大师们面对面交流，与年纪相仿的同行们共同思考。路漫漫其修远兮，希望我能不负此次培训工作坊的收获，在日后更好地为上海博物馆服务！

参加“2016‘中国传统书画修复理论与实践’中国绢本书画修复大师班”项目

2016年9月赴俄罗斯培训考察　沈骅

2016年9月3日至9月29日，为支持俄罗斯国立埃尔米塔什博物馆（以下简称“冬宫”）的文化艺术活动，为响应“一带一路”政策的号召，同时为增进上海博物馆与冬宫的友谊和交流，我和褚昊一同受冬宫邀请，前往圣彼得堡参加了为期四周的“‘中国传统书画修复理论与实践’中国绢本书画修复大师班”项目。

该项目是以理论与实践相结合的方式向学员教授中国绢本书画的修复装裱方法。在去之前，我们收到了冬宫发来的文物图片资料，需要修复的是两件明代画家陈勉的绢本山水画。可是照片清晰度有限，我们根据经验，初步判断可能是画在稀绢上，但毕竟不是看原物，为能保证在那边的工作顺利进行，于是定了“去底”与“不去底”的两套修复方案，考虑到对方在中国书画装裱上的薄弱，可用的工具材料可能不充足，我们将所有需要用上的修复材料和工具都带到了俄罗斯（不仅包括修补的绢、几个种类的宣纸、绫绢、天地木杆、刀、刷、笔、颜料等等，就连裁纸的尺、打浆糊的面粉和木棒，甚至毛巾也都带上了）。

来到冬宫后，我们立马就投入到工作中。整个授课过程在新建的东方书画修复实验室内进行。工作室内两张全新的大红漆裱画台放置在正中央，落地大玻璃窗使室内光线充足，另有英国制造与俄罗斯制造的两款仿自然光照明灯、意大利制造的不锈钢可升降洗画池，除了贴画的板墙略显窄小外，硬件设施基本到位，可见冬宫对学习中国传统书画修复装裱技艺的渴望与执着。

两幅画原来是以横披的形式装裱在一起，从装裱的材料和式样看，我们推断前次装裱大约在一百多年前，而冬宫最早的收藏记录也是在19世纪末，此后没有再重新装裱过，这与我们的判断相吻合。原裱的做工粗糙拙劣，画面已有多处严重折断，且有绢丝断裂脱落，而其中一幅画的绢有多处起空，绢与下层命纸分离，打开此画也需非常小心，每次的卷展都会加重画芯的断裂，保存状况已经非常差，的确需要及时抢救修复。我们先是仔细分析研究了两幅画的劣损情况，再根据本次项目的时间日程，制定了修复重裱的方案。也正如我们之前在国内根据照片判断的一样，两件作品均是画在稀绢上，而因这种稀绢经纬丝间的空隙较大，就要事先在背面托好命纸，再在上面作画，故命纸上也留有墨迹。在修复时下层命纸必须保留，不能去除，因此我们选择了“不去底”的修复方案。这方案也得到了对方书画研究员的高度认可。由于两幅画大小相同，画面是

图一

图二

图三

横构图，我们决定将其装裱成一对传统的三色窄边挂轴形式。（图一至图三）

在短暂的四周时间里（事实证明，四周的时间，对于这两件绢本书画修复的工作来说已是极限了），由于除了叶列娜女士来上博学习过，其他的冬宫学员都是零基础，我们先从教授制作浆糊开始，包括最基本的每天擦桌子的方法与要求，裁切的技术与要领，托纸、托绢的技法与步骤等，我们都一一示范讲解，边做边讲，有时还手把手地教。对于主体画芯的修复装裱，按照我们制定的方案，一步步地进行：添浆加固起空处的绢、清洗画芯、上水油纸加固、揭除原覆背纸、补断裂细缝、托画心、揭除加固的水油纸、出浆、全色接笔，直到镶画、贴折条、加料、覆背、上墙、砑背、装杆等工作，每一道工序都以严谨的工作态度，一丝不苟、精益求精的工作精神去完成。比如原裱没有加助条，而是直接将纸料镶贴在画心边上，这是一种为了节省时间成本的偷懒做法。我们为了完整保留原画芯，没有直接将贴在画心边上的镶料裁去，而是在裁切时留出镶边，然后用毛笔蘸清水反复潮湿留下的纸边，使其慢慢软化，再用镊子一点一点地将纸边去除。这样虽然很费时，但保证了文物的完整。再如镶料的配色上，三种颜色的镶料再加上惊燕共四种颜色，我们都反复做颜色小样比对后再染色，以求达到最协调的配色效果，这也体现了上博在装裱上追求完美的精神与理念。经过四周的工作，当我们将最后装裱完成的精致优雅的三色挂轴展现在东方书画修复室主管叶列娜女士及东方书画研究部的研究员面前时，她们发出了一致的赞叹与惊喜，并不断地感谢我们向她们展示与教授的这门传统技艺。（图四、图五）

除了实际操作的演示，我们还做了两场关于中国传统书画修复装裱理论的讲座，前来听讲的不仅包括东方书画修复室的修复人员，还有来自东方书画研究室及其他修复室的专家。我们演讲的是“中国古书画的装裱与修复”和“中国传统书画装裱形式与演变”。讲座非常成功，反响热烈，得到了高度好评。

图四

图五

在紧张的工作期间，应我们的要求，冬宫也为我们安排了一些参观学习交流活动，这也是我们想通过这次难得的机会，学习了解她们在文物科技保护及现代信息化建设方面的成果与经验。我们陆续参观了中国书画库房，油画、家具、壁画修复室，科学分析实验室，数字化信息管理部，都得到了热情的接待，相关人员并为我们做了细致的讲解。我们了解到冬宫的中国书画藏品在五百件左右，以明清和近现代为主，数量虽不大，但有很大一部分书画的现状及保存情况不太理想，这也是她们希望与我们上博加深交流合作，学习中国传统书画修复技艺的原因。冬宫在馆藏文物的档案数字化管理上做得非常不错，整套系统设计合理，应用方便灵活。这项庞大的工程起始于1999年，在2012年到2014年间，为了“庆祝2014年冬宫成立250周年”，他们与外面的专业团队合作，完成了所有三百五十多万件藏品的文字档案的数字化记录，及三分之一的数字图像记录，并从2015年至今又逐步完成了一半以上藏品的数字图像记录。科学分析实验部正在搬迁中，但他们的副部长还是热情地接待了我们，并自豪地向我们介绍了刚搬来的仪器设备。特别是一台自主研发的检测黄金年代的仪器，据说全欧洲就两台，另一台在瑞士，都是他们研制的。其中化学实验室主要专注于对油画、壁画及各种器物上的颜料成分及色层的分析。在圣彼得堡北部有冬宫另一处文保中心，这里同时还是冬宫的另一片展示区，展览的方式也很特别，采用展厅即是库房的仓储式展览，但普通观众要来参观，必须提前一星期预约，参观时由专业讲解员带领。这里由于是新建建筑，各修复室的空间显得高大宽敞，油画修复室、家具修复室、壁画修复室都各具特色，并有着很强的专业技术水准，虽然大家从事的修复门类不同，但毕竟都是同行，在翻译的帮助下，我们之间在专业技术上进行了愉快的交流，修复师的专业素养和敬业精神值得我们学习。

当然参观冬宫的展厅也是必不可少的，在被众多世界闻名的经典艺术品震撼与感动的同时，我们发现冬宫对文物修复的展示与宣传无处不在。在进门的大厅里放着一个大屏幕，循环播放着修复师在修复天顶画的视频影像；展厅中还有以海报的形式，图文并茂地介绍某件重要藏品的修复过程。这样的展示和介绍也吸引了众多游客驻足览阅，这是一种很好地宣传文物修复技术与文保科技的方式，值得我们上海博物馆学习借鉴。

我们在接受大量信息的同时也感受到时间的紧迫。冬宫有着一百多人的修复团队和十几种门类的修复室，终因归国日近，留余众多遗憾！冬宫藏有丰富的世界顶级艺术类藏品，而收藏中国古代艺术珍品则是上海博物馆的特色，在展览、数字化建设、文物修复、科学保护研究等众多领域有着很强的互补性。

四周的时间转瞬即逝，却感受颇多。通过我们认真、专业的工作，既赢得了冬宫官方的肯定，也赢得俄方合作者的信任和友谊。合作需要互补，也需要互信！博物馆合作需要“物”，更需要“人”！人的前行是靠双脚交替，相互支撑，才能走得更稳更远。希望通过我们此次交流，可以成为上海博物馆与俄罗斯冬宫博物馆合作前进中的一个脚印。

实用 多元 与时俱进：德国博物馆之印象

2016年10月赴德国交流考察　陈菁

2016年我有幸参加中德文化部组织的博物馆行业的双向交流考察活动，5月我们在上海接待了来自德国柏林、慕尼黑和德累斯顿三地的博物馆同行，介绍了我们的工作现状，陪同他们参观了上海的公办、民办博物馆。金秋十月我们飞赴德国，实地考察了柏林国立博物馆、巴伐利亚国家绘画收藏馆和德累斯顿国家艺术收藏馆运营和工作情况。

德国的博物馆非常发达，全国大约有六千二百五十座博物馆，涵盖了艺术、历史、科技、建筑、文学、自然等等各个方面。柏林国立博物馆、巴伐利亚国家绘画收藏馆和德累斯顿国家艺术收藏馆则是柏林、慕尼黑和德累斯顿三地最为重要的博物馆机构。

柏林国立博物馆作为国家级博物馆，拥有14个博物馆和 一个艺术图书馆：绘画美术馆、铜版画陈列馆、雕塑馆、伊斯兰艺术博物馆、东亚艺术博物馆、印度艺术博物馆、德意志民俗学博物馆、民族学博物馆、埃及博物馆、希腊罗马古物博物馆、史前和古代历史博物馆、美术和工艺博物馆、石膏造型馆、国立美术馆。

巴伐利亚国家绘画收藏馆是位于慕尼黑的美术馆管理机构，隶属于巴伐利亚州政府，管理着位于慕尼黑的老绘画陈列馆、新绘画陈列馆、现代艺术陈列馆、沙克收藏馆、布兰德霍斯特博物馆和分布于巴伐利亚州全境的13个分馆。

德累斯顿国家艺术收藏馆是德国历史最为悠久的博物馆及科研机构之一，脱胎于德累斯顿王宫1560年设立的艺术收藏室，现拥有绿穹顶珍宝馆、古典大师画廊、现代大师画廊、数学物理沙龙、瓷器馆、版画收藏馆、土耳其馆等等12家世界级博物馆和格哈德·里希特档案馆、艺术基金会、艺术图书馆等下属机构，藏馆不乏世

图一 民族民俗和东亚博物馆合影

界著名建筑，如茨温格宫、德累斯顿王宫、阿尔贝廷馆等。

三家博物馆机构都有着丰富的藏品和专业的管理经验，为了兼顾我们来自三个城市四家美术馆和博物馆不同岗位的13位团员各自的学习需求，德方精心安排了所有日程。（图一）在三周的时间内，我们共听取了22个专题报告，参观了七个博物馆库房，观看了20个陈列，观摩了二个文物修复机构，考察了二家博物馆的空调电气设备和1个复原陈列工地，拜访了一家软件公司。接受了前所未遇的信息轰炸，接触到了许多新的理念和工作方法，也切身感受到了德国博物馆同仁的严谨、细致、踏实、认真的工作作风。

进入德国博物馆的库房，可以看到各种方便实用的工作用具。在库房和场馆内运输油画的运输车是用运输玻璃的运输车改制的，它就像变形金刚一样，通过加高档柱、加宽档板、加装底座，可以适应运输大小不等的油画和充当油画清洁台（图二）。自制的藏品数据采集台，则通过安装于轨道上的测量卡尺和与之配套使用的油压车称，就可以把藏品的长、宽（或直径）、高和重量等等基础数据一并采集完成，油压车还可以把这个数据采集台运送到任何一个工作点（图三）。

巴伐利亚国家绘画收藏馆的13家分馆遍布于巴伐利亚州各地，藏品运输是经常的工作，因此配有一辆专门的藏品运输车辆。众所周知，德国是一个汽车大国，汽车质量毋庸置疑，但出于实用和性价比的考虑，他们选用的是意大利生产的依维柯厢式货车。经过提高防震性能、加装货物升降平台、恒温恒湿空调和厢内固定道轨等设施的改造，配备了各种布撤展必须的工具箱，已为藏品运输、布撤展安全运行二十多年。

德国博物馆的人员配置也贯彻了实用为主的理念。柏林考古学研究中心地毯库房的保管员早先是一家地毯厂的地毯工人，熟识地毯特性和修复技能，在存放地毯时，除了采用贯常的卷放和平放外，还使用了一种把地毯钉在绷布上存放的方式（图四），这种存放方式既有利于专业人员

图二 运输油画的运输车

图三 藏品数据采集台

图四 地毯的存放

提看，在外面加一个与陈列环境相符的外框即可直接用于陈列。巴伐利亚国家绘画收藏馆因分馆众多，经常要布展、换展，布撤展人员的安排也根据实际需求来确定。他们的布展小组人员构成是策展人、修复人员和保管员，策展人员负责展品的位置及周边环境的协调，修复人员负责对原来没有发现和运输中出现的小损伤作现场修复，保管员负责张挂展品。对于单纯的撤展工作，撤展小组仅有保管人员。根据需求使用掌握不同技能的工作人员，可以有效地精减人员，发挥最大的实用效率。

图五 德累斯顿版画收藏馆版画库房阅览室

位于慕尼黑的德纳研究所，隶属于巴伐利亚国家绘画收藏馆，这是一个集修复人员、技术人员、科研人员等成员组成的修复机构。在八十多年的发展过程中，依托于慕尼黑地区雄厚的科技实力，并联手当地高校，专注于西方绘画和自然类标本的修复。为了便于修复工作，除了总部集结了各种仪器设备和大小不一的修复室外，在各个博物馆场馆内还设置了修复室，以减少不必要的搬动和运输，防止运输而产生的二次损伤。

在藏品的利用方式上，德国博物馆会根据藏品的自身特性，采取不同的形式。油画是一种可以长期陈列的藏品，修复后马上关进库房反而会出现各种问题。因此，德国博物馆中不用于陈列的油画，会出借到各种政府大楼、高校、法院等社会机构中作为装饰使用。在借用期间施行行之有效的管理方法，使用方必须定期对所借藏品情况填表反馈给博物馆，博物馆方则不定期派员上门查看，以保证藏品在使用中的安全。有几千年历史的纸草文书是非常脆弱的，长时间的光照不但会使它退色发黄，还会使它酥脆老化，柏林埃及馆为了在展出的同时更好地保护这些纸草文书，为此特意开发定制了一种专门的陈列展柜。这种陈列柜就相当于库房的抽屉存放，每份文书各自存放于一个抽屉中，不用时抽屉是关闭的，观众只要按动展柜上写有说明的按钮，存放相应文书的抽屉就会打开，而定时设计能使抽屉在规定的时间自动关闭。尽量减少纸草文书裸露在光线中的时间，可以有效地防范纤维的老化，达到保护的目的。拥有五十五万多件藏品的德累斯顿版画收藏馆，由于收藏的都是不适合于长期陈列的藏品，所以没有一个固定的陈列馆，只做短期临时展览。但是它却拥有一个对全社会专业研究者开放的阅览室（图五），通过网上预约，可以在阅览室内提看所申请的藏品，并查阅相关的研究信息。博物馆的藏品除了保护传承外，另一个重要的功能就是利用，德国博物馆呈现给我们的是，在保护的同时以多元的形式最大限度地利用藏品服务于社会。

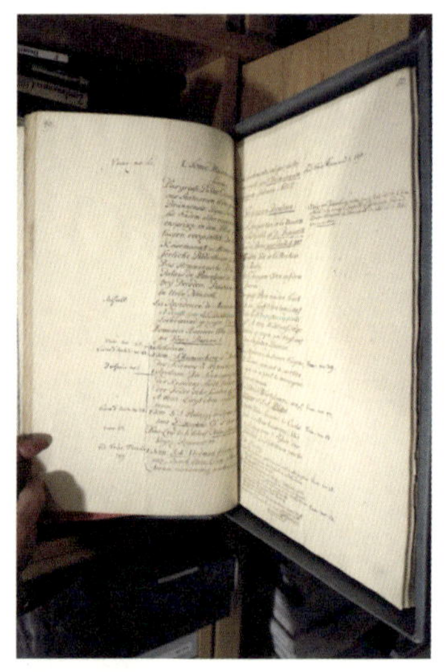

图六 1743年的版画收藏帐本

图七 版画收藏帐本

图八 波兰国王强者奥古斯特收藏的瓷器

在整个考察学习过程中，给我印象最深的是藏品资料档案的建立和保存。在德累斯顿版画收藏馆的藏品存放橱中，我们见到了1743年的版画收藏帐本（图六），几十本排列整齐的帐本密密麻麻地记录着每一件版画收入之初的名称和情况（图七）。时至今日，当年的帐本已与版画一样，成为这个收藏馆中众多藏品中的一件。

在波兰国王强者奥古斯特收藏的瓷器基础上建立起来的德累斯顿茨温格宫瓷器馆，现在还保存着他收藏的二万九千多件瓷器中的八千五百多件，当年宫中的编号依然还在，与现在博物馆的编号同时保存在每一件藏品上（图八）。在陈列室，馆长为我们介绍了一件明代海水鱼纹壶（图九），并详细解释了当时的萨克森王朝无法从中国直接进口瓷器，只能通过意大利米兰购买。这件瓷器是1590年收入，1595年的登记记录详细注明了这一情况。同时还介绍了一件梅森瓷器公司早年仿制的海水鱼纹壶，此件的藏品收入登记明确地记载了仿制的是哪一件瓷器。藏品资料是使藏品活起来的源泉，没有档案资料的藏品就无法说出自己的故事。

图九 明代海水鱼纹壶

在信息技术发展迅捷的今天，德国博物馆界依托互连网技术使博物馆和其藏品走向社会，走进了普通人的日常生活之中，柏林博物馆研究院的“德国网上图书馆”项目就致力于此。这是一个跨学科的项目，共有档案馆、图书馆、博物馆等2365家机构注册并提供数据。内容除博物馆藏品外，还包括：档案、书籍、纪念碑、图片、手稿、音乐、动物声音、电影片花、默片、广告招贴……计划将二千万件藏品资料数字化，并且使与之相关的收藏地点、学术研究、展览和出版情况等相互连通，达到快速检索和使用的目的。此项目开始于2012年，2014年已可以使用，现已完成八百多万件藏品的数字化及输入工作。各个博物馆的藏品数字化工作往往都与这些开放的互连网项目相互关联，只是以不同层次的网络构建和权限设定来区分社会人员、博物馆会员、专业研究人员、本馆工作人员等各自可以使用的区域和范围。从文字到数字，彰显的是德国博物馆界对藏品档案的重视，以及与时俱进的管理方式。

图一〇 柏林埃及博物馆陈列室顶部保存至今的当年开馆的装饰

作为公众教育机构，教育无疑是博物馆的工作目标。虽然教育的形式多种多样，但是博物馆最主要的教育形式无外乎陈列展览，众多的教育方式也是围绕着展览而展开的，因此观看展览是我们这次学习考察的重要内容。

德国博物馆的历史非常悠久，在柏林国立博物馆、巴伐利亚国家绘画收藏馆和德累斯顿国家艺术收藏馆这三大博物馆群中就有不少建馆于18世纪和19世纪的博物馆。在一二百年的发展过程中，为观众展示什么？这一最基本的理念在不断地修正、完善、发展。在柏林埃及博物馆的陈列室中，可以看到顶部画满了埃及图案，墙面靠近顶部有一条不完整的绘画带（图一〇），它告诉我们的是博物馆陈列理念的变化。由于埃及远离欧洲，生活状态与德国截然不同，文物与观众的时间跨度更拉大了理解难度。为此早期埃及馆展厅的顶部画满了埃及古老的图案符号，四周的墙上则画上与展厅文物相关的埃及生活场景画，以此来缩短德国观众与埃及文物的距离，方便人们理解埃及文物。20世纪20—30年代，人们的观念改变了，认为满屋的绘画会使观众的注意力被分散，无法集中关注于文物。为此用布遮住了布满画面的顶部，用涂料重新粉刷四周的墙体，陈列室中能见的只有埃及文物。今天埃及博物馆的策展人认为文物与文物背后的故事同样重要，而记录文物背后故事的绘画更承载着博物馆的历史，同样弥足珍贵。他们掀开了遮蔽的布幔，让绘画与文物同时展现在今天的观众面前。从此我们可见百年来博物馆展示理念螺旋式的发展，从让观

图一一 老绘画陈列馆 展厅顶部

图一二 考古博物馆复原式地层剖面

众了解文物的功能、作用，到关注文物本身，进而至展示文物的同时讲述背后的故事，博物馆陈列的内容越来越丰富多彩、可看。

博物馆作为一个教育机构，把研究成果传达给公众是一种普遍的做法，但是德国博物馆中美术作品的展示却颠覆了这种传统观念。在油画、雕塑等美术作品的陈列室中，如果条件许可，会把经过过滤的自然光作为照明光源，无法使用自然光的展室也会在屋顶用灯光模拟出自然光（图一一）。运用自然光这种散漫式光照，是为了避免射灯的定点光照，更好地把策展人的主观想法传达给观众，希望观众在没有任何外来干扰的情况下，用自己的思维去感受作品，理解作品。人的思维是不同的，人的感受也是多样的，让观众以自己的主观思想去感受作品，也就是让观众参与到作品的再创作之中，作品本身的内涵也就会变得更加丰富多样。让观众参与这一新的理念，不仅体现在博物馆的陈列中，同样贯彻在博物馆组织的各种活动中，观众的参与使观众从一个受教育者，成为了教育者本身，主观能动性的提升大大地提高了知识的获得率，效果显而易见。

陈列方法的多样性和兼顾不同层次的观众是德国博物馆给我留下深刻印象的两个方面，开姆尼茨市考古博物馆的陈列就比较典型。这是一个由百货公司改建的博物馆，底层为陈列大厅和商店等，二楼至四楼为基本陈列室，楼梯间的整面墙上，拉伸过的复原式地层剖面图清晰地标示出每一楼层所展示的地质年代（图一二）。整个陈列使用的手法多种多样，能使人在整个参观过程中一直有新鲜感。举一个小例子：开姆尼茨市是尼安德特人的故乡，在介绍尼安德特人的陈列部分，有四个可以打开的小窗口，每个窗口打开后都有一个小视频，内容是一个研究尼安德特人的学者从自己研究领域介绍尼安德特人的特点及与现代人的不同；继续向前，有一个人体骨骼标本（图一三），按展台上的按钮，骨骼上会亮起指示灯，告诉你尼安德特人的那块骨骼和现代人是不同的；再向前，有一个摄像头，只要你拍一张照片，出现的图像是用尼安德特人头骨建模后所呈现的你的脸，从变形的脸上，可以非常直观地看出尼安德特人与现代人的头骨差异。这三种介绍尼安德特人与现代人不同的方式，有简单的有复杂的，有理论的有直观的，有接收式的有参与式的，不同层次的观众都可以从自己可以理解的形式中学到东西，也可以在不同的方式中获得新鲜感。

紧张而忙碌的三周已过去很久了，但暴走的记忆依然还在。潦草的笔记、清晰的照片记录着我们的每一个收获，这次学习得到的东西太多太多，无法一一陈述。德国博物馆工作中的实用主义，文物利用和陈列方式的多元化，博物馆工作理念和方法的与时俱进，则是我这次考察学习中印象最为深切的。

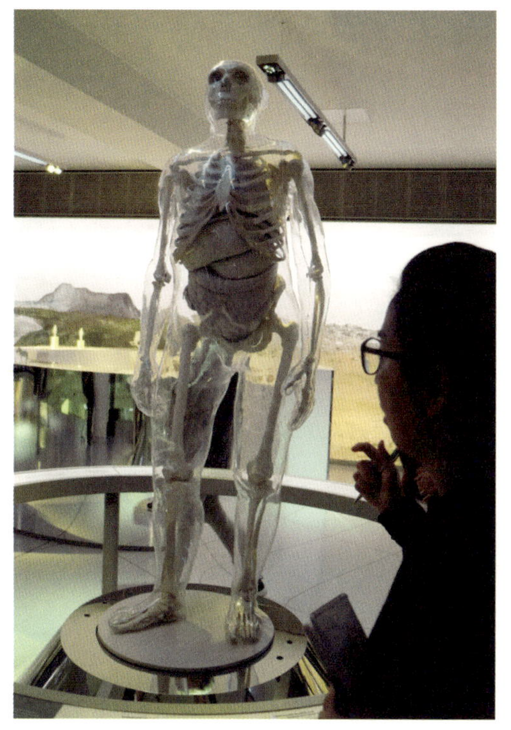

图一三 开姆尼茨市考古博物馆人体骨骼标本

参加“2016中德博物馆专业人员交流”项目

2016年10月赴德国交流考察　陈瀚远

图一　柏林国家博物馆绘画馆暖气片安装位置

2016年10月9日至10月30日，我与陈菁、翁昌欣、张洁等四人赴德国柏林、慕尼黑、德累斯顿三地，参加了“2016年中德博物馆专业人员交流”项目（简称MEEP项目）。

在德国同事专业、热情的安排下，我们与共同参加MEEP项目的中国国家博物馆、中国美术馆和广东美术馆同仁共十三人先后访问了柏林、慕尼黑、德累斯顿三地的博物馆、美术馆等艺术收藏机构。

在柏林，我们参观了柏林国家博物馆、博德博物馆、考古学研究中心、帕加玛博物馆、新博物馆、埃及博物馆、洪堡盒子、亚洲艺术收藏馆库房、高昌壁画库房、石膏复制工厂等。

在慕尼黑，参观了巴伐利亚国立绘画收藏馆下属的新绘画陈列馆、德纳研究所、伦巴赫美术馆、布兰德霍斯特博物馆、现代艺术陈列馆和巴伐利亚国家博物馆等。

在德累斯顿，参观了绿穹顶博物馆、铜刻版画收藏馆、古典艺术大师画廊、数学物理沙龙、瓷器收藏馆等。还前往另一城市开姆尼茨，参观了开姆尼茨考古历史博物馆和艺术收藏馆。

现将后勤设备方面一些比较有特点的内容做如下介绍：

一、空调、管线、设备方面

1. 空调风口与展厅的协调

德国大部分博物馆都有市政集中供暖，暖气片一般安装在展厅窗下，与展厅风格协调。室外供热管网有蒸汽和热水两种，室内暖气片只使用更安全的热水。 也有博物馆把中央空调的送、回管道和风口设在展厅窗下，风口大多做得很漂亮。大部分博物馆都把空调风口做得比较隐蔽，与展厅很好地结合在了一起。（图一）

2. 慕尼黑现代艺术收藏馆设备

该馆2002年对外开放，使用面积1.75万平方米，展厅面积1.2万平方米。空调完全为馆内文物要求的温湿度服务，温湿度标准为25℃/ 50%左右。展厅内照度要求300勒克斯（自然光不足时，人工光源自动开启）。（图二）各机房内配备五名设备工程师轮流值班，以联络为主，发现故障通知厂方修理。夜间、双休日、节假日均无人值班，无人值班期间有问题的话，由监控人员通知维修厂商。

空调最大风量150000m^3/h，采用高压微雾加湿；过滤设备由压差传感器进行监控提示更换；新风量最大20%可调，具有热回收功能（冬季，新风与排风经过多通道逆流式空气加热器进行热交换后，再经电热设备预热，最后与回风进行混合，以免回风与过冷的新风直接混合造成结露）。

此馆建在地下水源内四米深，整个建筑物是防火的。库房处于地下室，层高八米，有三道发生火灾时自动关闭的防火门。库房走道敷设15厘米高的防火架空地板，下方是混凝土基础，架空层中有漏水传感器（红圈中线缆），地下水渗入会马上报警。

3. 慕尼黑霍斯特私人博物馆设备

此馆2009年5月18日对外开放，空调主机选用美国特灵风冷热泵，末端设备为空调箱和毛细管空调的组合。室外机外壳和底盘均为不锈钢材料。水质处理设备使用离子交换树脂和RO膜，用于空调循环和加湿用水，包括清洗空调用的水都是净化杀菌后的软化水（好处是可以防止空调结垢影响散热效率，延长设备使用寿命并减少细菌滋生）。

图二 现代艺术收藏馆

除传统的空调箱以外，此馆安装有毛细管空调，分配器通过厚度4.3毫米的PE管道将空调循环水分配至馆内各个房间的墙体内，全年恒温在18—22℃左右。此类空调在室内辐射换热，换热面积大、效率高，没有风口、没有风感、完全静音、隐形美观，类似地暖但比地暖适用性更广（地暖只能在冬天用），通俗地讲，就是把地暖+地冷安装在墙壁里了。此类空调由德国人在20世纪末发明，目前在中国主要安装在高端的别墅，上海高档的月子会所基本都安装此类空调。但是此类空调不能调节室内的相对湿度，所以在霍斯特博物馆要与组合式空调箱配套使用，风系统空调箱主要调节相对湿度，毛细管空调主要调节温度。空调箱没有了冷、热负荷，它的负担也就轻了，所需的送风量也小了，展厅内的人员更舒适了。（图三）

4. 德累斯顿博物馆设备

空调主机：意大利克莱门特热泵机组，一用一备。

供电电缆桥架外部白色的包裹材料为德国SVT公司的防火绷带。绷带外部涂有膨胀性涂料，一旦发生火情，涂料快速膨胀形成泡沫状的炭质绝缘防火层，使火焰与基层隔离，并阻止火焰传播，通俗地讲就是把火焰自动给包起来（涂料由石墨颗粒、吸收剂、聚合物粘剂、含碳材料、发泡剂、湿润剂组成）。（图四）与此同时在电缆桥架上安装有温度检测和报警器，与BA楼宇监控系统相连。机房内安装漏水报警传感器，与BA楼宇监控系统相连 。

二、改造施工方面

德累斯顿皇宫从20世纪80年代开始重建，主要是墙体建设，在原有的墙体外增加钢筋水泥的加固工作，各楼层逐步改造以适合现代博物馆的需求。整个皇宫有33000平方米的重建面积，目前有1200平方米在重建施工，80年代至今已投入3亿欧元，预计2022—2025年完工，预估总价

图三 霍斯特私人博物馆

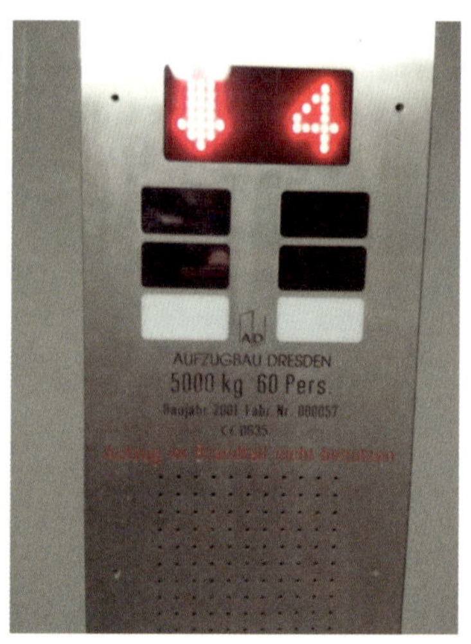

图四 德累斯顿博物馆

3.8亿欧元，此笔费用是萨克森洲政府近年来的最大支出。展柜是暂时摆放定位用的，是布展时的参考。空调管道也是临时性的，今后要藏在墙内，送风口今后藏在吊顶和墙面的转角处，上送下回，送风口风速1—3m/s（建筑保温好，空调循环较慢），温湿度要求夏季23℃/52%、冬季19℃/48%。人工照明要消除紫外线的影响，目前在金卤灯和LED灯中选择最佳的方案。

在德国的三周时间让我们有大量时间与德国各博物馆的同事以及来自其他三家兄弟单位的同仁交流，让我们感受到了德国人的踏实、认真的工作作风，也对我们各自工作领域受益良多。

打造数字文化大国中的德国博物馆：德国博物馆数字化建设印象

2016年10月赴德国交流考察　翁昌欣

2016年10月9日—10月30日，根据馆里的安排，我与保管部陈菁、工程部陈瀚远以及文化交流办公室张洁等四人赴德国柏林、慕尼黑、德累斯顿三地，参加了“2016年中德博物馆专业人员交流”项目（简称“MEEP项目”）。

2016年是该交流项目的第三年也是最后一年。交流主题是重大活动策划管理、数字化项目和文献、博物馆和展览技术与安全。在德国同事专业、热情的安排下，我们与共同参加“MEEP项目”的中国国家博物馆、中国美术馆和广东美术馆同仁共十三人先后访问了柏林、慕尼黑、德累斯顿三地的博物馆、美术馆等艺术收藏机构。其中，在柏林参访了柏林国家博物馆、博德博物

图一　开姆尼茨国立博物馆

馆、考古学研究中心、帕加玛博物馆、新博物馆、埃及博物馆、洪堡盒子、亚洲艺术收藏馆库房、高昌壁画库房、石膏复制工厂。在慕尼黑，我们参观了巴伐利亚国立绘画收藏馆下属的新绘画陈列馆、德纳研究所、伦巴赫美术馆、布兰德霍斯特博物馆、现代艺术陈列馆和巴伐利亚国家博物馆。在德累斯顿，我们参观了绿穹顶博物馆、铜刻版画收藏馆、古典艺术大师画廊、数学物理沙龙、瓷器收藏馆。还前往另一城市开姆尼茨，参观了开姆尼茨考古历史博物馆和艺术收藏馆，领略了萨克森王朝尤其是奥古斯特一世和二世丰富的收藏，窥见了当时王朝雄厚的经济实力。同时，我们还重点了解了德累斯顿国家艺术收藏馆的数字化达芙妮项目。（图一）

德国人对历史的凝重执着的深思，对历史文化遗存的珍惜和爱护，对自己民族曾经有过的辉煌的记忆，都促成了他们对博物馆文化的情有独钟。作为一个博物馆文化高度发达的国家，无论城市还是乡村，随处可见的各类博物馆是当今德国的一道风景线。据统计，目前德国有各类博物馆六千余家，其中首都柏林就拥有170家，堪称“博物馆城”。德国人口有八千万，而每年参观各类博物馆的人次却多达一亿。同时，德国的文化建设实行国家投入为主、私人赞助为辅的政策。据介绍，在文化领域中，90%由国家投入，10%为私人赞助。就博物馆建设而言，在所有的博物馆中，国家负担57%的经费，有37.5%为私人承担。目前，有越来越多的国立博物馆采用国家和私人基金会共同赞助的模式，既保证了国立博物馆的国有性质，又落实了资金的来源。

而在博物馆数字化建设方面，德国的博物馆一开始并没有如其他欧美发达国家，尤其是美国那样予以特别的重视。但近几年来，德国博物馆也明显增加了在数字化方面的投入。尤其是2014年8月，德国联邦政府出台《数字议程（2014—2017）》，倡导数字化创新驱动经济社会发展，为德国建设成为未来数字强国部署战略方向。“数字议程”是继“工业4.0”之后德国确保未来发展和竞争力的又一重要举措。由“数字议程”引领的数字化进程，通过不同层面七个行动领域的全面布局，力争在智能制造与服务、大数据和云计算等领域为德国开辟更多的发展机遇。“数字议程”指出，要让全体德国公民都能在数字化的社会中自主生活，以打造未来数字化社会，培育数字创新的需求市场。而其中很大一个方面就是打造数字文化大国。在改善数字内容供应商环境的同时，推动文化产品的数字化，提高档案馆、图书馆和博物馆中文化遗产的可访问性。2014年德联邦教研部投资一千万欧元在柏林和德累斯顿成立两个大数据研究中心，分别由柏林工业大学和德累斯顿工业大学负责建设。同时还负责开发相应的技术解决方案，制定文化产品数字化标准，完善相关法律，为知识、信息和文化产品以数字化形式长期保存创造条件。在此背景下，德国博物馆的数字化建设也呈现加速的态势，并取得了不少成果。这些在我们的参观考察过程中都能够感受得到，主要体现在以下三个方面：

一、打造大型的博物馆数据平台，并尽可能向社会开放

德累斯顿博物馆的达芙妮数字化项目于2008年由州政府投入1.5亿欧元进行建设，主要分为数据录入、检索、探求藏品来源、每件藏品的具体价值。有1600万藏品将存入数据库，目前已录

图二 柏林博物馆研究院

1100万件。该系统是由ROBOTRON公司（该公司专门研发数据库20年，主要服务于政府机构的数据库系统开发和维护）研发，该数据库是由数据库人员协同博物馆人员共同开发，博物馆与开发公司签有保密协议，以保证数据不外流。数据库格式统一标准为lido所需要的格式。达芙妮数据库平台定期有版本更新，使管理系统平台不断优化，提高了使用效率。它不仅是一个数据库管理平台，可以对各家博物馆的数据库进行选择浏览和管理，并且具有应用模块开发的功能，由于所有博物馆的数据库都对达芙妮进行了数据库接口共享，使用者可以根据自己需求，调用不同数据库功能和数据建立自定义的模板应用，在已建立的新数据库应用中可划分不同权限供相关工作人员进行工作交流。

柏林博物馆研究院介绍了他们的线上图书馆项目，项目初衷是要把欧洲各国文化机构总和起来放在一个平台上，包括博物馆、图书馆等多种学科的机构。该系统从2012年进行基础建设，2014年投入使用。该项目是由普鲁文化基金提供资金支持，目标是通过数字化串联起各文化机构。相关的信息利用不同的技术（扫描机器人、3D扫描、摄像、线上出版物等）手段进行收集存档，博物馆方面技术部分是由法兰克福图书馆在做数字化标准。每家机构根据自己的工作内容来上传展示线上信息。目前2000万件展品，已经有80万件数字化。系统中有2365家机构注册，307家提供数据，其中108家是博物馆。柏林国家博物馆信息化从2000年开始建立总的数据库，并将数据放在网站上，以数据库、多媒体的等形式进行资源共享满足观众需求。数据库在构建时即基本确定各分馆统一的数据库格式，各馆通过信息软件将各自的数据库资料上传至总馆信息库进行数据库资源共享，使本来内部使用的数据利用效率更高。（图二）

佩加蒙博物馆的数据录入项目流程让人印象深刻。数字化工作小组由组长、合作伙伴、专家、摄像、修复、数据采集组成。各成员都有各自的分工，专业词汇的编制和校对、材料有相关专家收录采集、同一文物的拍摄需拍三至七张照片，摄影师从修复专家处获得相关文物的信息记录、专家对展品作出的描述包括地理、材料、年代、文献等再由翻译专家进行核实校对。并有库房工作人员将展品所在库房的位置信息定位并记录。策展人再将所有数据收集好，并且统一放到数据平台上，数据库内容主要有修复信息、地点信管理息、多媒体、文献、人物、展品的经历信息、借展的信息七个部分主成。德国全国博物馆各馆都是在internet上利用VPN线路进行数据传输，使数据的利用安全和高效。

二、注重利用数字化手段推动博物馆的知识传播

德国博物馆的数字化传播应用主要也分网上和展厅两大块。从网上来说，网站是他们极其重要的一个传播平台。在德累斯顿博物馆参观时德方人员专门给我们介绍了他们的网站情况。德累斯顿博物馆网站2010年建成运行，网站介绍了14家博物馆，主要内容有特展信息、活动宣传、绿穹珍宝馆360度虚拟场景、展品信息。用了英、德语两种语言。网站浏览统计按国家人数以月进行统计，支持手机浏览方式。除了网站，还开通了第三方平台来和观众进行交流，有facebook关注人数1.2万，对人群和年龄段有相关统计，主要记录博物馆的生活，以及网站有问题时的告知。Instagram社交软件，766位关注者，不仅展示作品更是讲述博物馆内部的故事，鼓励网红来参与博物馆的社交活动。Twitter社交平台，关注人数4500人，2009年作为信息发布平台来使用。Youtube社交平台，关注者488人，平台提供了一些影片的分享，累计播放次数超过26万次。在博客中还可以讲述博物馆的故事以及有一些文物修复的介绍。

在展厅数字化应用方面。德国三个地区的博物馆传统的展厅（油画、雕像）大多数是以语音导览为主，在参观展览途中会有一个休息区，简单播放一些影像信息供观众欣赏。柏林国家博物馆大型LED屏幕放在大堂中的展示效果很棒，且易改造易维护。巴伐利亚国立博物馆以及德累斯顿的数学物理沙龙展馆里的APP应用把文物的细节和功能展现的淋漓尽致。（图三）开姆尼茨的考古学博物馆多样化的多媒体信息展示有投影技术、触摸屏互动操作、展厅黑暗环境下的电子说明牌、人机互动的尼安德特人脸相似度的互动体验，拍成照片后可以

图三 数学物理沙龙

发送至个人邮箱、在成都博博会上看到的数字展柜，他们也有类似的虽然没有做成动画形式只是一个互动的分类小游戏，灯光感应技术在镜子上的应用等等让人印象深刻。（图四）

三、以立法的形式进行博物馆的数据保护和保障网络信息安全

出于严谨的民族特征，德国一方面大力推动信息化建设，另一方面格外重视数据保护和信息安全。通过立法来保障信息安全，是德国的一大特色，德国的数据保护法律比较系统和规范，被誉为“欧洲信息安全的典范”。1997年，德国颁布了全面规范互联网信息传播行为的法律——《信息和通讯服务规范法》。2002年，德国通过《联邦数据保护法》，并于2009年进行修订。《联邦数据保护法》是德国关于数据保护的专门法，其中规定，信息所有人有权获知自己哪些个人信息被记录、被谁获取、用于何种目的，私营组织在记录信息前必须将这一情况告知信息所有人。如果某人因非法或不当获取、处理、使用个人信息而对信息所有人造成伤害，此人应承担责任。《联邦数据保护法》修改生效后，更多德国企业开始对客户信息实施高水平的保护措施，提高了客户信息的保密性和安全性。在《2014至2017年数字议程》中，德国进一步提出最晚于2015年出

图四 洪堡论坛

图五 博德博物馆

台《信息保护基本条例》。除了立法，德国也通过一系列战略方案和具体的行动来加强大数据时代的信息安全。相比之下，目前我国还没有制定出非常明确完善的信息数据保护法。以上海博物馆为例来说，还是以内、外双网并存。内网是物理隔离，由于环境封闭以及增加了数据相关的保护措施，在数据共享和使用效率上相对来说德国要更加高效一些。德国博物馆的做法给了我们以相当大的启发。

总之，通过这次参观考察，还是学习到了很多。怎样很好地学习和消化德国的博物馆在数字化建设方面所取得的成功经验，对提升我们自己的博物馆数字化建设水平，将是一件十分有意义的事情。（图五）

赴日考察古籍碑帖数字化项目

2016年11月赴日本交流考察　魏小虎

应日本东京国立博物馆邀请，图书馆魏小虎和信息中心张毅组团赴日，就古籍数字化及构建数字化信息平台等业务和日本同行进行为期七天（11月21日至27日）的交流学习。在东京国立博物馆国际交流室杨锐先生的热忱相助和悉心安排下，这次交流取得了较为丰硕的成果。

一、东京国立博物馆

东博于2012年启动对书籍类藏品的数字化项目，以和书为主，兼顾西文书和汉籍，其中古代汉籍已拍摄约一千册。碑帖拓本约四千三百件，分为书画类和历史资料类，由不同部门保管。

该馆的藏品数据库做得相当完善与细致，不仅仅是对文物现状的记录，更是动态更新，各项信息均包含在其中。例如对藏品的现状、研究信息、展览信息、修复信息都用不同颜色的字体标注：外借的藏品以蓝色字体显示，馆内展出的以绿色字体显示，有计划进行修复的藏品用红色字体表示等，处处体现研究人员对文物工作的细致与认真以及信息更新的及时性，这样也便于其他研究人员随时了解到藏品动态，为今后的工作计划作好参考。

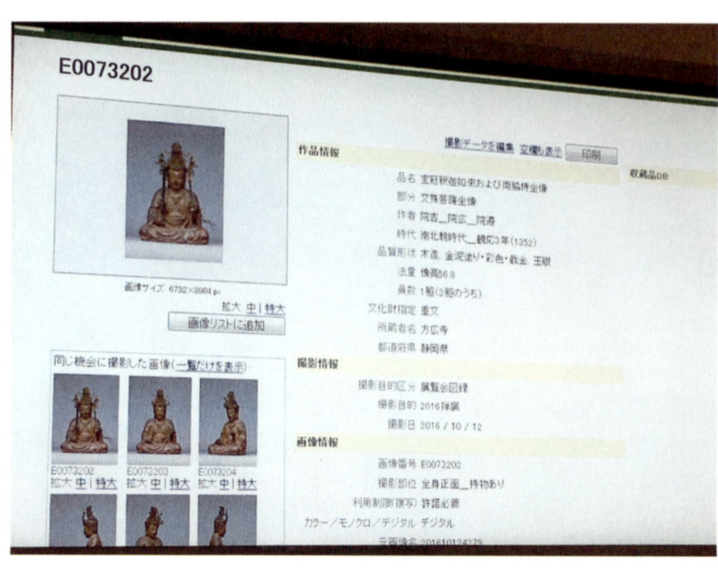

图一

日本的公立博物馆主要经费仍来自政府拨款，人员编制从严（尤其在经济不景气的情况下，或许也包括其他行业），以至于东博等国家级大馆也仅有不足一百名员工，而同为国字号的奈良、九州两馆不过三四十人。这就要求每位员工都是多面手，都要身兼数职，都要非常敬业，不惧辛苦。如东博的藏品数据库系统就是本馆的原专业研究人员自学开发设计的，又如仅有一名摄影师加一名助理，而每年的拍摄量约七八千件。馆内的研究人员既要钻研学术，也是策展者，因此他们的数据库按个人的领域开放权限，在自己的权限下进行数据库信息的更新。（图一）

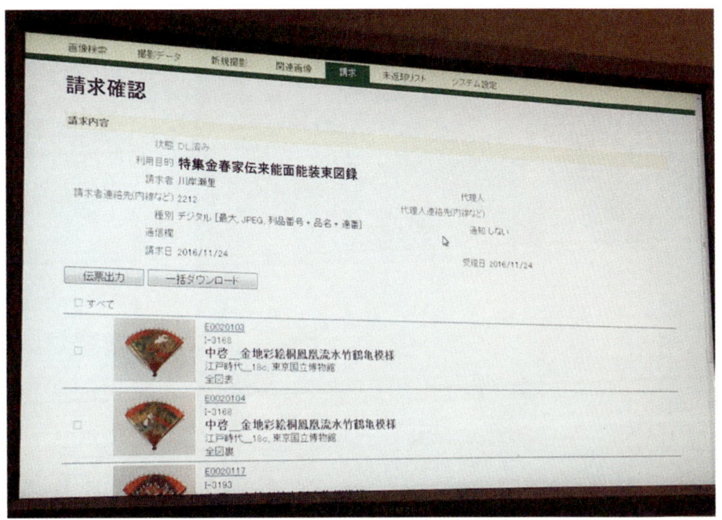

图二

在藏品库的展览信息中，详细地记录了展品选定的过程，比如是在馆内哪次会议上通过的决定，哪天撤展，选择该藏品的理由，相关会议记录都以PDF形式显示在展览信息中。（图二）

图三

外借文物信息库，主要针对向同行借展文物的记录，整个借展商议的过程都记录在数据库内，并对馆内公开。

东博的藏品库还设有专门的监查数据库，主要记录并公布购买文物的信息，以及围绕购买文物所召开的会议记录，在哪次会议上决定购买，通过什么途径购买，购买金额，曾经拥有者等信息，并对馆内公开。

东博的藏品研究信息是对外公开的，在其官网上能够看到经馆内研究人员确认不涉及版权，不涉及纠纷的藏品信息。

东博的藏品图片数据库也相当完善，不仅有数万张近年所拍的数码照片，还将数以十万计的彩色、黑白胶卷底片转换为高清数码照片，馆内研究人员可在内网直接浏览、下载，馆外使用则分商用与学术用途，前者收费较高，后者适当减免，这些图片是委托大日本印刷公司统一管理的。

馆内如需进行大量图片拍摄工作，则由外包公司负责，日常的文物研究用图片由馆内摄影人

图四

图五

员拍摄。高精度的藏品图片在藏品库中对馆内公开，并可以下载。馆外浏览者可以借助手机在APP中下载e国宝软件浏览藏品，也能看到高精度图片。（图三）

在多媒体和三维建设方面，东博也运用了目前先进的无线定位系统，由博物馆提供IPAD，根据参观者自己的需求，选择路线，系统根据参观者的位置，自动定位，对沿途出现的文物进行介绍，并可在PAD上进行三维展示。

东博目前对近六十件文物进行了三维扫描，并在博物馆的多媒体角中供参观者使用，参观者可近距离通过红外手感遥控，对图片进行360度的旋转。该体验角的人气很旺，慕名前来的体验者很多。（图四）

另外，在体验角，该馆还有滚动播放的文物保护、文物修复的影片，以及文物库房存放文物的防震柜，以这样直观的方式让人们了解在博物馆幕后对文物所做的一系列保护工作。（图五）

二、京都国立博物馆

对京都国立博物馆的考察，重点在摄影流程和内外网的划分上。

该馆摄影部主要负责接收馆内外图片需求的拍摄任务和提供图片。首先在图片库中提出申请，由摄影部接收该申请，并安排拍照，全部采用高清数码拍摄，所选用的相机为瑞典产IQ180相机，拍摄后的高清图片为200MB，原始图片只有拍照者可以查看，然后根据不同使用要求，转换压缩成TIF格式的图片，保存至数据库，供申请者使用。与东京国立博物馆直接提供给使用者原始图片相比，京都国立博物馆在提供图片方面更为谨慎。

京都国立博物馆从2000年开始对文物进行摄影，当时精度为1000PIX。到2012年，随着设备的更新换代，开始采用1000×8000PIX的像素进行拍摄，压缩后传入藏品库中，在藏品库中可以看到的是300KB左右的图片。

京都国立博物馆的对外网站上的藏品信息与藏品库信息一致，在内外网隔离方面，京博的内网对藏品库有设置，对需要上传至外网的文物进行勾选，确认后，每天半夜有半小时，内网会自动上传至外网网站中。但也仅仅是内网信息往外发送的单向通道，不接受任何外来信息，以确保内网藏品库的安全。

京都国立博物馆还设有专门的老胶片、老影像保存室，以保护若干年前的老照片不受到损害。

值得一提的是，日本的文物保护法规要求保护条件不达标的国家及地方公共团体，必须将所拥有的重要文物委托博物馆代为保管，这样可以最大限度地防止文物受损，同时对博物馆方面而言，也不得随意使用、展览、出版这些寄存文物，所拍摄的照片等资料未得原收藏机构允许也不能公开。所以各家博物馆的藏品系统都将馆藏文物与寄存文物严格区分开来，尤其谨慎处理向公众开放的相关内容。而私人藏品受继承税的影响，在藏家去世后，逝者家属往往会选择捐赠给博物馆，故而博物馆虽受制于收购经费，每年仍不断有新品入藏。

三、东京大学东洋文化研究所

东京大学东洋文化研究所创办于1941年，由于继承或获赠了原东方文化学院东京研究所和大木幹一、长泽规矩也、仓石武四郎等名家旧藏，所以20世纪20—30年代出版的汉籍影印本相当完备，基本可满足日常研究所需。鉴于隶属高等学府，该所便充分利用校内的人才资源，与各专业通力合作，开发了多种数据库。其“汉籍善本全文影像资料库”收入四千余种善本，绝大部分全世界均可浏览，（图六）而长泽规矩也旧藏“双红堂文库”的五百余部中国稀有明清戏曲小说也是一大特色。（图七）这次有幸重点参观了所藏书库的汉籍部分，也看到不少新购入的晚近出版的学术论著。

在数据库方面，该院主要是开发了针对校内研究人员查询用的藏书数据库，在数据库中除了对书名、作者可以检索外，还可以检索到社会各界对该书的评论文章

图六

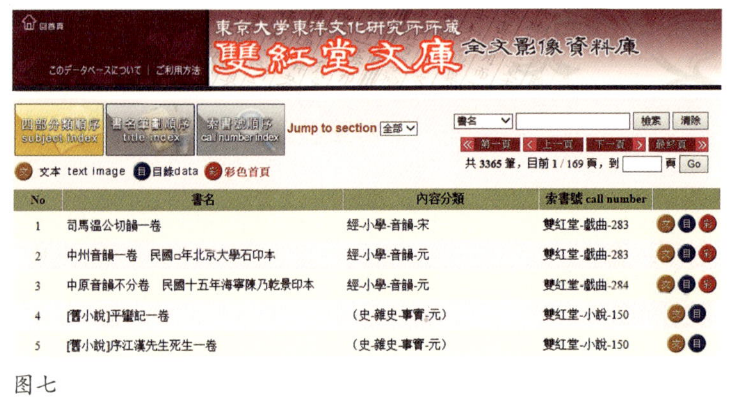

图七

以及对该书作者评论的相关文章。

除了对文章的检索外，还有对东洋史的古籍可以检索与查阅，并对古籍的每页都有扫描件可以提供浏览和下载。为保护版权，在古籍的扫描页中，该院在图片上还加入了专用水印。

作为业务学习，我们还在日方的安排下参观了几个特展，分别是东京国立博物馆的“平安的秘佛：滋贺栎野寺观音佛像展”“纪念小林斗庵诞辰100周年书画展”与“禅的艺术：化心为形”，后者是为纪念中国临济禅师和日本白隐禅师而举办，展品多达三百余件，其中包括海内外唯一一部全本宋版《史记》（黄善夫本）；国立西洋美术馆的德国中世纪女性题材绘画展“老卢卡斯·克拉纳赫：五百年后的诱惑”，上野森美术馆的“底特律美术馆展”，展出了包括梵高《自画像》等名家名作，全面反映了印象派二百多年来的发展脉络，可谓眼福不浅，对我们开拓视野，提升自己的业务水平也有很好的帮助。

浅谈日本奈良历史文化遗产及保护两例

2016年11月赴日本交流考察　吴旦敏

在历史文化遗产保护方面，日本一直走在世界前列。奈良因保存丰富的遗迹而闻名世界。这里有许多重要的文化遗产，如寺庙、神社、佛像、雕塑绘画等。1998年，“古奈良的历史遗迹”（Historic Monuments of Ancient Nara）被登记为世界遗产，而早在1993年，“法隆寺地域的佛教建筑物”（Buddhist Monuments in the Horyu-ji Area）已被列入世界遗产名录。在奈良县文化遗产及保护方面，我想就这次日本文化考察中的若干见闻，结合有关保护文化遗产政策和法律的历史更迭，使我们对日本历史文化遗产保护有进一步的认识，从而对我们的工作有更好的借鉴作用。

奈良作为日本古代文明的摇篮，它承载并见证了日本古代文化发展的高峰。在这里集中了众多历史文化遗存，集佛寺、佛像、神社、雕刻、绘画等重要历史文化于一城。1998年，“古都奈良的历史遗迹”被列为世界遗产，包括东大寺、兴福寺、春日大社、元兴寺、药师寺、唐招提寺等六座寺庙和春日原始森林、平城宫址八处遗迹。

始建于743年的皇家佛寺东大寺是日本华严宗大本山，又称为大华严寺、金光明四天王护国寺等。其中的大佛殿至今为止依然是世界上最大的木构建筑，内供奉高至15米的本尊卢舍那大佛，现存佛像为17世纪重铸，但其铜莲座上的莲花瓣仍是八世纪的原物，东大寺南大门两侧是著名的金刚力士像。东大寺不仅是祈祷天下太平、万民安康的道场，同时还是积极推进教理研究、负有培养学僧重任的寺院。如今，东大寺已成为奈良的象征之一。（图一）

图一　奈良东大寺大佛殿

一、两座古佛寺的保护和法律政策

1. 法隆寺

法隆寺地区在1993年就被列入世界遗产，该地区被评价为：约有四十八座佛教建筑，其中有一些建于公元7世纪末至8世纪初，是世界上现存最古老的木结构建筑。这些木结构建筑杰作的重要性不仅仅在于它们展现了中国佛教建筑与日本文化的艺术融合历史，还在于它们标志着宗教史发展的一个重要时期，因为修建这些建筑的时候正是中国佛教经朝鲜半岛传入日本的时期。（图二）

法隆寺地区的佛教建筑以法隆寺和法起寺为代表，我们参观的是其中最重要的佛寺——法隆寺。这是一座佛教传入日本不久即修建的佛教寺院，是日本飞鸟时代珍贵文化遗产，至今已有1400年的历史，它对日本宗教建筑产生了非常大的影响，与日本律令制度奠基人圣德太子有很深的渊源。

图二 考察团队和奈良博物馆工作人员在法隆寺合影

图三 法隆寺金堂

法隆寺是世界上最古老的木构建筑，分西院伽蓝和东院伽蓝。西院建于7世纪末8世纪初，有金堂、五重塔、中门和回廊等国宝级建筑。建于620年的金堂中供奉着日本最古老的佛像，有着中国北魏风格的释迦牟尼青铜佛像和药师如来像。东院建于8世纪末，有着著名的梦殿等建筑，梦殿中安放救世观音像。法隆寺中共有18座建筑物被指定为日本国宝，其中11座拥有1100年以上的历史，有35座被指定为国家重要文化财产。在寺中的珍宝中，共有国宝170件，国家重要文化财产2300件。（图三）

法隆寺在历史上经过多

次毁坏和修缮。重要事件如下可见一斑：

西院伽蓝重建于670年，17—18世纪间，丰成秀赖、江户幕府的五代将军德川纲吉生母桂昌院等修造了这座伽蓝院。

1868年明治维新后法隆寺等佛寺遭到了严重破坏。

1897年，以建筑物为保护对象的《古社寺保护法》颁布。在该法的保护下法隆寺金堂、五重塔等建筑物被认定为“国家指定文化财产”。

图四 唐招提寺

1934年开始了对金堂和五重塔等长达半世纪的大修理。

1949年法隆寺金堂遭火灾。

1950年日本政府制定了《文化财保护法》。至此，日本政府通过政策法律来保护重要文化财产，以使这一日本最重要的文化古迹之一得以保持其原有历史风貌。

早在1871年日本政府颁布了工艺美术品的《古器物保护法》，而至1950年日本制定了首部全面系统的保护文化遗产的法律《文化财保护法》。此法从1950年颁布至今历经七次修改，逐渐成为完整成熟的法律体系。

2. 唐招提寺

唐招提寺是奈良另一列入世界遗产的佛寺。据《续日本纪》载，公元759年，鉴真接受朝廷赐予的新田部亲王之旧宅邸，在此造立伽蓝，寺名“招提”，即私造寺院，也就是现在的唐招提寺。鉴真去世后，弟子继其遗志，继续建造，到公元810年方才完成。唐招提寺是日本律宗总本山。（图四）

唐招提寺金堂，是现存唯一一座奈良时代建立的寺院金堂。纵七间，深四间，廊下环绕金柱一周。内部须弥坛中央是干漆卢舍那佛坐像，东侧为木心干漆药师如来像，西侧是木心干漆千手观音菩萨立像，三件均为国宝。其余有六尊天部像。据调查，保存至今的唐代木结构殿堂在中国仅有两处，为山西五台山南禅寺正殿和佛光寺正殿，但都晚于唐招提寺金堂。（图五）

唐招提寺迄今经过四次大修，镰仓时代两次，分别在文永七年（1270）和元亨三年（1323）；江户时代元禄六至七年（1693—1694）一次；明治大修（1898-1899）一次。1995年阪神淡路大地震后，金堂立柱倾斜严重，柱顶偏移原位最大距离约十二厘米。1998年，唐招提寺被

图五 唐招提寺金堂

认定为世界遗产，同年成立了国宝唐招提寺金堂保存修理事业专门委员会，对金堂开始了长达两年的调查，在调查结果的基础上，从2000年开始对金堂进行了为期十余年的“平成大修”。其大致过程是将金堂先解体再复原。先将佛像请出后，把拆下的每一片瓦、每一根木料精准编号、分析和保存，待日后复原无差。

鸱尾于日本飞鸟时代传入并流行于奈良时代，金堂屋顶正脊两端的鸱尾，西侧为原配，历经一千两百多年已经剥蚀，东侧为镰仓元亨三年更换，比西侧年轻六百多年，但破损程度严重，裂纹明显。日本传统瓦技术保存会会长山本清一经过数百次的失败试验，取得了最接近原始状态的数据，复原了这一对鸱尾，并置于如今的金堂顶端。卸下的平瓦三万两千块，圆瓦一万两千块，总计四万四千块。其中四成为镰仓时代以前，四成为江户时代，两成为明治时代以后，专家对这批瓦片分别进行了不同程度的修理和更换。拆下的木材约两万件左右，横梁、立柱等主要构件为创始之初保留至今。现代文物修复的基本原则是尽量使用原有的材料，尽可能地接近文物原有的状态。经过专家对每一件材料的观察研究后，将古木分为“可用”“修复后使用”和“不可用”三类，从而尽量沿用了原始木材，并丝毫无误差地复原。

唐招提寺是日本古建筑遗产中的重要文物，是研究盛唐时代建筑的重要参考范例，也是一千多年前中日文化交流的结晶。

从原始时期到飞鸟、奈良时期，平安时期和镰仓室町时期，日本佛教建筑逐渐形成独特的佛教建筑文化，这些佛寺历经千年仍以如此完整的面貌展现在世人面前，体现了日本政府对佛教建筑的有力保护。

3. 日本历史遗迹的保护政策和法律

奈良的世界遗产群显示了日本对历史遗迹保护相当重视。奈良保存了日本最古老的、最重要的文物古迹上百处。从近代至二战前，日本就十分重视对历史遗迹的保护。明治四年（1871），日本政府制定了《古器旧物保存法》；明治三十年（1897）颁布了《古社寺保存法》；大正八年（1919）颁布了《史迹名胜天然纪念物保存法》；昭和四年（1929）制定了《国宝保存法》；昭和八年《1933》颁布《重要美术品保存相关法律》。

1950年，日本《文化财保护法》公布，该法对“文化财”的内涵列出五个方面:①有形文化财，指具有较高价值的建筑物、绘画、雕刻、工艺品、书籍、书法、古代文书及其他有形的文化载体，包括考古资料和历史资料；②无形文化财，指具有较高价值的戏剧、音乐、工艺、技术及其他无形的文化载体；③民俗文化财，又分为无形民俗文化财和有形民俗文化财，前者指对于认识日本国民生活的承袭和发展不可欠缺的有关的风俗习惯、民俗技能，后者指反映上述内容的种种物品，包括衣服、器具、工具、家具、房屋等；④史迹名胜天然纪念物，指具有较高价值的：a.贝冢、古坟、都城址、城址、民居及其他遗迹；b.庭园、桥梁、峡谷、海滨、山岳及其他名胜地； c.动物、植物及地质矿物；⑤传统建筑物群。2004年在又新增“文化性景观，把人与自然打交道过程中的景观列入保护范围”，同时把传承下来的制作与生产生活有关的工具物品的“民俗技术”，作为民俗文化遗产加以保护。日本《文化财保护法》所表述的文化财产或文化遗产的理念已经相当全面，它容纳可移动的和不可移动的及有形的和无形的遗产类型，同时还包括了人与自然共同作用的作品——文化景观（史迹名胜天然纪念物）。

这部法律为“文化遗产”建构了一套新的分类体系和专业概念，它所体现的综合的和系统的文化遗产观在国际上的影响深远。该理念甚至还一直影响到20世纪70年代联合国教科文组织所主持的世界性的无形文化遗产或非物质文化遗产事业的开始。

二、历史文化遗产法律政策溯源和我国历史遗产保护现状

对人类就“文化遗产”的认知历史最早可追溯到公元前约二百零九年，在亚历山大里亚城创建了亚历山大博学院，其中有专门收藏文化珍品的缪斯神庙。14—16世纪的文艺复兴时期，许多欧洲国家出现探寻和收藏文物的热潮。17世纪 80年代，第一个具有近代意义的博物馆——英国牛津大学阿什莫林艺术和考古博物馆开馆。而不可移动的建筑类遗产大约从 18世纪起才开始受到人们的较多关注。19世纪初，英国兴起了建筑类文物修复工作，重点是中世纪建筑。此后，法国也对历史建筑的保护给予特别关注。

大约在19世纪后期，欧洲一些国家开始从法律层面开展对文物建筑的保护工作。 1882年，英国国会通过《历史古迹保护法》，这时期的历史古迹主要是指遗址，而且保护对象很少。1900年，英国的第二个古迹保护法公布，国家保护对象扩展到数百项；1944年，保护对象增加到了二十万个。1913年，法国也公布了《历史古迹法》，保护对象包括三万个建筑和七万四千万件可移动艺术品。意大利在1892年立法保护文物类建筑，19世纪后半叶至 20世纪初，在文物建筑遗产保护领域兴起了“意大利学派”，该学派在对文物建筑的价值认定、修缮原则、保护理念方面都有新的创举，而且学派的实践与理论还对世界各国产生了深远的影响。1939年，意大利共和国众议院和参议院通过《关于保护艺术品和历史文化财产的法律》，指明“具有艺术、历史、考古或民族学价值的不动物和可动物”系法律保护对象。从其保护对象看，已包括具有“民族学价值”

的文物。与此同时，突破单体建筑保护的观念和行动也已开始，1933年8月，国际现代建筑协会第 4次会议通过了《雅典宪章》，提出保护有历史价值的建筑和地段的问题，即成片的历史街区或历史地段的保护已经受到了专业人士的注意。1950年，日本《文化财保护法》公布。

20世纪60年代以后，在世界范围内对不可移动的文化遗产的保护日益受到重视，其保护内涵也在不断丰富。现代意义上的“文化遗产”理念在逐步成型，不可移动的文化财产不仅强调其整体性，而且所指已扩大到其坏境风貌或生存空间。1964年在威尼斯通过的《威尼斯宪章》明显地扩大了过去的历史文物建筑的概念，除单体的建筑作品外，还强调对文物建筑环境的保护。1972年11月16日，《保护世界文化和自然遗产公约》（简称《世界遗产公约》）正式在联合国教科文组织大会上获得通过。《世界遗产公约》中表述的“文化遗产”是对此前已有的“文物”“文物建筑”“历史地段”“历史景观”等概念的继承和创新，包含了更加广泛、新颖的内容，而且它将文化遗产、自然遗产及文化与自然双遗产纳入到一个体系中加以考虑，体现了一种整体的、综合的、系统的遗产思想和全新的遗产保护意识。到2006年，已有一百八十多个国家加入《世界遗产公约》。

我国历史文化遗产保护起步较晚，并面临着许多问题，国务院决定从2006年起，每年6月的第二个星期六为中国的“文化遗产日”。并发布了一系列加强历史遗产保护的政策，对物质文化遗产保护要贯彻“保护为主、抢救第一、合理利用、加强管理”的方针；非物质文化遗产保护要贯彻“保护为主、抢救第一、合理利用、传承发展”的方针。通过采取有效措施，文化遗产保护得到全面加强。

但是，与西方国家相比，我们仍然处在起步阶段。目标是初步建立比较完备的文化遗产保护制度，基本形成较为完善的文化遗产保护体系。如在历史文化名城（街区城镇）方面，进一步完善历史文化名城（街区、村镇）的申报、评审工作；在文物保护方面，主要是提高馆藏文物保护和展示水平。如加强对藏品的登记、建档和安全管理，实施馆藏文物信息化和保存环境达标建设，加大馆藏文物科技保护力度。提高陈列展览质量和水平，充分发挥馆藏文物的教育作用。加强博物馆专业人员培养，提高博物馆队伍素质等等。加强文化遗产保护法律法规建设，推进文化遗产保护的法制化规范化，我们的历史文化遗产保护责任任重而道远。

图书在版编目(CIP)数据

博物馆与文明交流互鉴：上海博物馆文化交流成果汇编 / 上海博物馆编. -- 上海：上海书画出版社, 2019.10

ISBN 978-7-5479-2185-2

Ⅰ. ①博… Ⅱ. ①上… Ⅲ. ①上海博物馆-文化交流-成果-汇编 Ⅳ. ①G269.275.1

中国版本图书馆CIP数据核字(2019)第195379号

博物馆与文明交流互鉴

上海博物馆文化交流成果汇编

上海博物馆 编

主　　编　杨志刚
副 主 编　周燕群
责任编辑　金国明　丁唯涵
特邀编辑　张　洁
装帧设计　汪　超　王贝妮
技术编辑　包赛明　陈　凌
印装监制　朱国范

出版发行　上 海 世 纪 出 版 集 团
　　　　　上海书画出版社
地址　上海市延安西路593号　200050
网址　www.ewen.co
　　　www.shshuhua.com
E-mail　shcpph@163.com
设计制作　上海维翰艺术设计有限公司
印刷　上海中华商务联合印刷有限公司
经销　各地新华书店
开本　787×1092　1/16
印张　11.5
版次　2019年10月第1版　2019年10月第1次印刷

书号　ISBN 978-7-5479-2185-2
定价　165.00元